大夏书系·通识教育

郑杰 著

首席教师

SHOUXI JIAOSHI

华东师范大学出版社
全国百佳图书出版单位
·上海·

目录

导言 从知识的盛筵到知识的冒险 ……………… 1

上编 专业成长中的首席

1. 何为职业 ………………………………………… 3
2. 职业满足 ………………………………………… 7
3. 内在因素 ………………………………………… 11
4. 人生幸福 ………………………………………… 16
5. 职业枯竭 ………………………………………… 20
6. 何为专业 ………………………………………… 24
7. 专业发展 ………………………………………… 28
8. 发展策略 ………………………………………… 33
9. 专业标准 ………………………………………… 38
10. 理性精神 ……………………………………… 42
11. 因素分析 ……………………………………… 46
12. 高原现象 ……………………………………… 51
13. 随机学习 ……………………………………… 56
14. 自我认同 ……………………………………… 60
15. 个人理论 ……………………………………… 64
16. 特级教师 ……………………………………… 68

中编　团队建设中的首席

1. 何为团队 ………………………………… 75
2. 如同飞雁 ………………………………… 78
3. 建立基石 ………………………………… 83
4. 值得信赖 ………………………………… 89
5. 精心设计 ………………………………… 94
6. 建立规范 ………………………………… 99
7. 发展阶段 ………………………………… 104
8. 提高效能 ………………………………… 109
9. 优秀成员 ………………………………… 115
10. 包容能力 ……………………………… 120
11. 受人欢迎 ……………………………… 127
12. 开个好会 ……………………………… 131
13. 有效沟通 ……………………………… 136
14. 及时反馈 ……………………………… 141
15. 团队激励 ……………………………… 147
16. 适度授权 ……………………………… 153

下编　校本研修中的首席

1. 教研组长 …………………………… 161
2. 实践反思 …………………………… 166
3. 研修内容 …………………………… 170
4. 校本培训 …………………………… 176
5. 听课评课 …………………………… 180
6. 教学模式 …………………………… 186
7. 教学方法 …………………………… 191
8. 个性差异 …………………………… 196
9. 合作学习 …………………………… 202
10. 学习动机 ………………………… 206
11. 学业评价 ………………………… 213
12. 课业负担 ………………………… 217
13. 有效教学 ………………………… 221
14. 课堂控制 ………………………… 227
15. 师德素养 ………………………… 232
16. 有效研修 ………………………… 236

导言

从知识的盛筵到知识的冒险

这是我的职业生涯中特别值得纪念的一天，因为我创造了几个第一次，是我梦寐以求而又格外珍惜的第一次。

我是第一次有系统地与一线教师进行面对面的知识分享。我十几年前曾经写过一本书，书名是《给教师的一百条新建议》，那是一本站在学校管理者角度上写的书，虽然这本书让我在一线教师中赢得一定的声誉，可我依然将这本书当成管理类的书，人文色彩显然浓于专业色彩；我从事教育活动二十多年来，还没有真正地站在教师的角度上与教师交流，这不能不说是我的一个缺憾。因此，与大家交流和切磋是我的荣幸。

不过，话说回来，愿不愿意站在教师的立场和视角上说话是一码事，是否具备与大家进行知识分享的能力又是一码事。说实话，我对自己与一线教师的对话能力还是心存忐忑的，毕竟，关于课堂教学和指导中小学教师进行教学本不是我的专长。

我以前一直认为，研究教学和指导教师，从专业分工上看，似乎应该是教研员们的工作，也就是说针对教师教学与成长方面的指导是教研员们的传统领地，因为他们对学科的课堂教学更熟悉，也更有发言权。而我的职业经历主要是从事学校管理，所以，一旦有教师朋友就课堂教学方面的问题咨询我，我的态度是一贯的，那就是"无可奉告"。我会对他们说，每个"专家"的工作都是有边界的，没有人是万能的，没有人可以回答教育中的所有问题，我只回答中小学管理方面的问题，至于其他，恕我不能越界。

可是，后来我的这一观点在悄悄地发生改变，这个转变来自内外两个方面：外在的方面来自我所服务的学校和地区的需求，我发现学校管理者、教师所面临的问题几乎很少有教学之外的，即使涉及教师专业发展或职业枯竭等问题，也基本是围绕着教学质量而提出的；内在的方面来自我的一个重要的观念变化，我原来认为指导一线教师就必须掌握大量的知识，要准备好一桶水才能给人们一碗水，现在我认为那不完全正确。为什么要与大家结成工作坊，以工作坊的方式来展开学习呢？就是希望能与大家结成学习的共同体，在工作坊内我也是一个学习者，与大家是平等的关系，是"平等中的首席"，我不想扮演权威的角色。

我的第二个"第一次"就是以工作坊的名义来组织大家学习。本次学习以工作坊的方式进行，我们这十个人将成为一个团队。我想你们一定会问：郑老师，什么是工作坊？在学校，我们经常会听到"工作坊"这个词，这里我要和大家解释一下我所理解的工作坊的涵义。

与好多时髦的词一样，"工作坊"（workshop）也是一个外来词，这个词最早出现在教育与心理学的研究领域，而后在1960年代，美国的劳伦斯·哈普林将工作坊的概念引用到都市计划的讨论活动中，让各种不同立场、利益相关的人们在一起思考和探讨城市建设问题。再后来被运用到学习和培训领域，成为有效促进专业成长尤其是自我成长的一种方式。在组织形式上，工作坊是一个有核心的学习团队，这个核心由在某个领域有经验的人来担任，他要扮演主讲人的角色，而10~20名的小团体在主讲人的指导之下，通过听讲、提问、活动、讨论等多种方式，共同探讨某个话题。

我把我们这些人组成的学习团队称为"首席教师工作坊"，我们将尝试使用工作坊的方式来展开学习，这对我来说无疑又是一个"第一次"。

这些年来，我主要投身于咨询与培训事业中，我非常喜欢我目前的工作，不仅是因为这份工作的价值，更在于它的过程，显然是值得我去享受的；而过程中最享受的，不是我滔滔不绝地讲述，而是与学员们的对话和切磋。滔滔不绝自有滔滔不绝的乐趣，可是，当我讲完之后，却常常觉得空虚，感觉自己通过讲述本身，在专业上以及在个人的修为上并没有太大的提高，因此我格外兴奋于学员们对我的发问，我把获得回答他们问题的机会看作是对我之前"滔滔不绝"的一种补偿。好在，本期学习，我们将主要运用工作坊的方式，我兴奋地期待着话题的展开。

与传统的学习方式比较，工作坊有着鲜明的特征，它要求所探讨的话题更有针对性，能触及实际工作中最重要的和最紧迫的问题。不过，我倒是更希望我们的话题能够具有前沿性，因为只有在前沿领域，在前人未及探索或者未及深入探索的领域，平等交流才会成为可能。我们可以一起自由探索，而不是我一个人长篇大论。我们这群平凡的人将会涉及某些领域的前沿话题，要知道，很多伟大的思想与理论都是在不经意间，在类似工作坊的讨论中诞生的。我们的学习方式越灵活，我们的工作坊就越像一个共同体，而不是一个教堂。

我希望我们这个工作坊的成员如同兄弟姐妹般友善，我给我们工作坊制定的唯一的规范就是尊重，在工作坊内，尊重并不等于随声附和，而是倾听、理解和包容。

各位都是区教育局选送的教学骨干，都担任教研组长或年级组长工作，在学校里起着"领头雁"的作用。结合这一特点，我想在未来的学习中，将学习内容设定为三个领域，在这三个领域下再设若干话题。这三个领域是我确定的，而三个领域下的话题则由我们商议决定。我设定的三个领域分别是：专业成长中的首席、团队建设中的首席和校本研修中的首席。

专业成长中的首席，主要谈谈各位的自身发展，这个专题将介绍教师专业发展的基本原理，同时对各位的专业成长提出若干建议。

团队建设中的首席主要讨论如何将一个教研组或年级组打造成高绩效的团队，以及在这个过程中，教研组长或年级组长所应该扮演的角色。

校本研修中的首席主要讨论校本研修的有效性问题，讨论如何更好地使校本研修成为教师专业发展的有效方式而不是虚设的形式。

以上三个领域，前一个是后一个的基础和前提条件，也就是说，各位要真正成为首席，就必须先通过不断学习，让自己成为值得尊敬的专业楷模；在此基础上，你要设法将自己所在的教研组或年级组打造成高绩效的团队；当一个组变成了一个团队，才有可能提高校本研修的效益，使你们的团队成为一个真正的专业共同体，成为本学科教师专业发展的场所。

请你们不要把我以上所说的三个阶段理解为实践的三个阶段，好像只有满足了第一个阶段的全部要求才能实施第二个阶段的工作，而最后才着力于校本研修的有效性。这样的理解是个误解，我之所以将"首席教师工作坊"的学习内容分为三个领域，纯粹是出于讲解的需要。为了帮助人们理解复杂的事物，我们常常不得不将一个事物拆开了细细地讲解。所以，理论的逻辑未必就是实践的逻辑。

相反，你们倒是要充分尊重自己在工作现场所获取的经验，将我所讲的内容当作是一种启示和验证。你要用你的逻辑顺序来学习，而你的逻辑顺序应该是你的"问题"，希望你能借着听我讲课的机会，发现一些能解决你自身问题的办法，而不是照单全收我的讲课内容。

我们这个工作坊为什么要谈团队建设这个问题？而且你们会发现，我的课程中最有分量的一个版块就是团队建设。因为我始终认为，良好的组织系统才能发挥真正的决定作用，不少学校的课程与教学专业领域内的改革举步维艰，未必是人们不够努力，而很可能是组织系统的障碍没有被消除，也就是说，一些结构性问题被我们有意无意地忽略了。教研组或年级组都是组织系统，是学校最基层的组织系统，是学校的细胞，而恰恰这个系统的运行效益，总体上来说是比较低下的，甚至整个组织系统根本就是瘫痪的，对此各位可能比我更有切身的体会。

在学校里，教研组长、年级组长是一系列被称为"长"的职位中的一个，是"长"系列中的神经末梢。可是，与其他被称为"长"的职位明显不同的是，你根本没有什么权，不能指挥组员，不能奖励他们，更不能批评和惩罚他们，上面一大堆工作布置下来，你基本上只是起到了传声筒的作用，你对组员们几乎没有什么约束力，有时候甚至还可能成了大家的出气筒，尤其是当大家对学校领导不满的时候，你好像领导们的"帮凶"似的。

教研组、年级组虽然是学校里最小的组织单位，但是要有效领导这个组织单位，光靠职务权力是不够的。你唯一能做的就是忘记自己是什么"长"，而是努力成为一个团队内的"首席"，与组内其他成员保持平等的关系，就是所谓的"平等中的首席"。我的讲课内容，都是建立在这样一个基本假设之上的。

你可能要问，为什么我们这些工作坊的成员被称为"首席"，而不把我们称为"组长"或"骨干"？

我想从"首席"这个称呼中，你们可以理解我的用意。首先我不太喜欢将一群业务发展得很不错的那些团队负责人称为"长"，虽然被称为"长"是一个事实，但我希望你们不要沾染"行政"的味道；其次，"骨干"也不是我愿意说的一个词，因为骨干就是主要部分的意思，我希望你并不是骨干，如果你是骨干，那是一个很大的悲哀，这说明你们学校的这门学科的教学就靠你们几个骨干了；于是，我选择"首席"这个词，是要体现你在你的团队内与同事们是一种平等的关系而又能起到引领的作用。

在这里，我要向你们介绍一下乐队里的首席小提琴手的工作。"首席"的英文 concert master 直译就是"音乐会大师"，爱好交响乐的朋友一定知道首席小提琴手在乐队中的作用有多么大，他（她）本人一定是小提琴手里出类拔萃的人，可他（她）并不是各声部的领导。首席本人必须参与演奏，除了演奏之外，他（她）在乐团内的作用是对音，并在指挥不在的时候引领一下乐团，给乐团的演奏领一个大概的演奏方向；除了负责弦乐声部外，还要注意管乐声部，协助指挥解决技术和艺术上的问题，在现代交响乐队中，实际上起着一个副指挥的作用。可见，首席并不是一个轻松的职位。我们工作坊的学习，将围绕着一个重要的转变，就是从"长"和"骨干"向"首席"转变，只要能完成这个转变，这门课你就算是学好了。

另外，这是一门没有考试，也不会布置作业的培训课程，你甚至不用记笔记，你只需倾听、反思、讨论和实践。

如果你对某些内容格外感兴趣，可以提出问题来与我讨论，你的提问对我很重要，因为这不仅将使工作坊的话题始终具备很强的针对性，更重要的是只有提出问题来，我们才会从传统学习的"知识的盛筵"，变为工作坊式学习的"知识的冒险"。

. . .

问 您提出的"知识的冒险"，我的理解是，工作坊的学习不是为了找刺激，而是不断寻找真理，挑战自身极限，实现生命价值的一种担当。您说是吗？

答 谢谢你的问题，这个问题本身具备一定的冒险性，你是第一个提出问题的，也就是你其实承担了一定的风险，而你很好地排除了这些风险。你没有想，"我提出这个问题的话，郑老师会不会有想法，会不会对我有所不满"；你也没有想，"我的这个问题，是不是让其他同学觉得难堪，是不是会为难其他人了"。我猜想在你提出这个问题之前其实面临着一定的风险。

可是，你的风险到底有多大呢？这不完全取决于你，还和环境有关。当课堂的环境是专制的，教师在课堂中扮演着权威的角色，那么你就只能记笔记，而不能发出疑问，更不能质疑教师的结论。所以，如果教师在课堂中占据着绝对权威的地位，那么这个课堂顶多提供了一个"知识的盛筵"，你充其量只是一个享用者，长此以往，你将失去创造知识的能力。

而当课堂上，师生之间结为了伙伴关系，那么你就可以毫无顾忌地发表任何意见而不必担心任何的"打击报复"，于是，条件允许你做冒险的事，你不必担心说错话做错事，你不必揣摩你的老师的心思，你只要思考知识本身。你要面对许多险境，你无法保证你的假设和推论都是正确的，那你真的是在冒险了，我称之为"知识的冒险"。

几乎所有的知识都是冒险的结果,也就是说,绝大多数的知识都是前人靠冒险,犯了一次又一次错误得来的。我希望我们这个工作坊,能为我们这 10 个人提供尝试错误的机会,也许我们未必就一定能从"冒险"中获得知识,但是至少给新知识的产生提供了一个必要条件,虽然不是全部的条件。

我想要请你放心的是,工作坊只是一个学习的地方,而不是学员之间的比武场,忘记输赢,忘记面子之类的东西,为知识本身,我们这些人只是为了知识而聚在一起。

问 据您所说,工作坊式的学习方式除了要有您这样的核心成员以外,还需要不同立场的人在一起展开讨论。请问我们这些工作坊成员,除了来自不同地域和学校之外,我们是否能够代表不同立场?

答 我想你可能在关心我们这个工作坊中每个个体的差异性问题,这是一个很好的问题,说明你理解了工作坊的核心要素,那就是一个学习共同体内的成员个个不同,该共同体才能取得成效。正如你所见到的,我们聚集在一起的这 10 个人,来自不同的学校、学段甚至地区也不同,个体差异不是共同体的敌人,而是人与人交流互动的条件,特别是一个主张知识冒险的学习共同体,个体差异是一个可以充分利用的资源。不过,差异性可能使我们产生不同的意见,因为我们的处境和问题各自不同,可未必一定代表我们会有不同的立场,因为立场往往是由地位和权力决定的,而非处境和问题。在我们这个团队内,地位没有高下之分,谁也不比谁更有权力,因此,总体来说,不太可能出现不同立场,也就是说,我们的立场就是站在教师的角度来看问题,将我们的关注点放在教师的专业成长上,放在如何创造一个适合教师专业成长的生态环境上。

问 工作坊是一个很有诗意的提法,我很喜欢。workshop 让我想到 world

coffee 的概念，即"世界咖啡"，还有一个是"圆桌"的概念，它们的共通之处是和谐放松的氛围，人与人之间的平等与尊重。在"世界咖啡"这样的环境下，不同专业背景、阅历的人都能自在地提出自己对某个问题的看法，人们轮流发言，他们与不同的人交流碰撞。在这里，有着很多的偶然性和不确定性，也许就在这不经意间，谁也没想到自己提出来的想法会给他人带来启发，而却真的激发了别人的灵感。我没有细究工作坊，它听起来富有艺术气息。总之，在平等、尊重、放松的氛围下去讨论，一定是一种非常好的形式。郑老师，您说我对工作坊的理解是否正确？

答 完全正确，我希望我们一起来创造一个富有诗意的场所，让我们将这场学习当作是一场享受。

上编
专业成长中的首席

I. 何为职业

现在,我们要对第一个领域的问题展开学习和讨论了。这个领域的问题不少,我认为首先要说明的就是"专业"的涵义问题:到底什么是专业?以及教师是不是一个专业?

在我看来,说一个人"专业"是对这个人的学问和能力的很高的褒称,表示很"专",具有不可替代性。也就是说,专业要高于职业,专业意味着是一个"专门"的职业。

什么是职业?职业就是你用来谋生的那份工作。我们每个人都要谋生,要为"稻粱谋",就得走出家庭,走上社会,通过某种劳动来获取报酬,教师首先就是一个职业,你们都与学校签署了聘用合同,合同上写明了学校与你双方各自的权利和义务,这就表示你被学校雇佣了,你便成了一个职业人,你可以从学校得到相应的报酬。

凭什么你能从学校获得报酬,学校或者别的单位、组织都不会无缘无故地付给你报酬的,恰是因为你为学校付出了你的劳动,正所谓"不劳动不得食"。在学校里,在规定的时间内,你只有工作的自由,没有不工作的自由。因为你付出了劳动,学校就有义务为你提供良好的工作环境和条件,包括为你的专业成长提供必要的支持。

大家听我说这些话,可能觉得有些吃惊,我们是"人民教师"啊,"神圣"的职业啊,"人类灵魂的工程师"啊……请大家先把这些美妙词汇收起来,让我们回到原点上去认识我们的工作。原点是什么?原点就是我们与其他几乎所有的职业都一样,都是首先为了谋生而去谋职的,我们都是"职业人"。

什么是职业人?职业人其实就是一个劳动力商品,你是一个商品,我也是。回顾我的职业生涯，我大学毕业后受雇于上海的一所学校，与学校签了一份工作合同；后来受雇于虹口区教育局，担任校长，与教育局签了六年合同；再之后我又受雇于一家民办学校，也担任校长。在我看来，教师也好，校长也好，有什么区别呢？雇员而已。在我当校长的时候，我从来不说我所任职的学校为"我的学校"，我清清楚楚明明白白地知道我只是一个代理人，是教育局派到这所学校的代理人，或者说是"首席执行官"。

认识这一点很重要。什么是我们的原点？这就是我们的原点。我希望你们都能明白，发展其实从来就是我们每个人自己的事。在我们这个班里，没有人在强制你发展，你应该把参与学习看成是为自己"增值"的一次机会。

刚才我提到了"增值"一词，请大家注意，这个词是本话题的核心词，我与大家分享我对职业的认识，就是为了引出这个核心词。为什么我会提这个词？因为同样的劳动力商品，有些人很有价值，他们的劳动获得了令人羡慕的巨大回报；而有人价值不足，在职业竞争中处于劣势，甚至惨遭淘汰。

职业人在职场上的增值，增的是什么值呢？无非就是社会价值和经济价值。经济价值大家都能理解，就是价格的意思，也就是随着职业年龄的增长，你的劳动力价格也在涨，你越来越值钱了，你与学校在工资和绩效工资方面的谈判能力越来越强了；至于社会价值的增值，我的理解就是你能够在更大范围内赢得人们对你更大的尊重和喜爱，你能够影响到很多人，造福很多人，越来越多的人需要你想念你，你的名气越来越大，口碑也越来越好。

有些人在职场上，社会价值和经济价值都与日俱增，比如说姚明，在他的职业生涯中，他一直在增值，是职业人的典范，李娜也是；有些人的经济价值始终不高，甚至他对经济价值毫无追求，可他的社会价值却节节提升，往往这样的人有精神追求，乐于为他人和社会作出奉献和牺牲，虽然这样的人可能并不多见，可我们应该敬仰他们；还有些人，他们的经济价值越来越大，而社会价值却下降了，一些不正当的职业，或者以不正手段牟利的人，可能就会产生这样的结果。

对教师来说，试图通过努力给自己增加经济价值，看来是会失望的，因为教师不是一个能让人发财的职业。就是说，教师这个职业的增值主要就是在社会价值方面，即所谓的为荣誉而奋斗了。

那么，如何给自己增值？我想大致有这三种方法，在这里与大家分享，然后请大家就这些话题发表你的看法。

1. 要舍得给自己投资。你不给自己投资，哪能获得充沛的回报呢？投资在哪里？一是投在学习上，让自己有更多智力和能力上的进步；二是投在公益上，搞教育的人要有一些宗教情怀，也叫作积德吧。

2. 要追求稀缺性。什么叫稀缺性？稀缺性就是人无我有，当你越是稀缺，外部对你的需求越大，你的价值就越大。即使是经济价值的规律也是如此，"物以稀为贵"就是这个道理。所以，我们要思考，到底我的个性和专长在哪里？我的稀缺性在哪里？

3. 要做一个受人欢迎的人。我们都不是独自在工作，学校不是私塾，总要能与人合作才行，做一个受学生、同事、领导欢迎的人，这样你也会获得更大的愉悦。

好了，关于职业的话题我先说这些，下面请大家提问或者发表你的意见。

· · ·

问　您对"增值"的讲述更多来自外在，而我认为"自我增值"还有一部分应该来自内在，比如：能够正视自己，能够克服自身的缺陷和内心的恐惧，能够合理规划自己的未来等，就此您如何看？

答　同意你的观点，因为任何人去做一些什么的时候总会有动机的，有些人注重外部价值，需要外部刺激来形成动机，而有些人正相反。我在讲增值的时候主要讲了社会价值和经济价值，强调的都是外在价值，是因为我正在与大家讨论职业问题，这是我们所有之后要讨论的问题的一个原点，我是希望大家先思考原点问题，而后再提升到自我这个内在的层次上，这样比较靠谱。因为我不认为在现时代，一开始就对大家说理想、事业之类的有太大的说服力。我心中的逻辑是，先讲透"职业"这个词，而后讨论"专业"（专门职业），最后谈"事业"，我认为前一个是后一个的前提。

问 郑老师，您说的有道理，但是把教师职业还原为一个"劳动力商品"，可能对很多简单高尚的心灵会有冲击。

答 刚好相反，我认为将教师还原为一个与其他劳动者没有什么本质区别的劳动者，恰恰可以防止教师被道德或别的什么所谓神圣的东西绑架，是从根子上解放教师。

2. 职业满足

提到职业的发展，就不得不谈谈职业满足感问题。教师的职业满足感不够高，似乎是当下一个颇为严峻的问题，严峻到足以阻碍教师的职业发展。

职业的满足感是人的一种主观感受，是一个人对现实工作生活状况的主观感受。人的全部生活形式，无论有多么复杂，都主要由公务、闲暇和社会活动这三大方面构成。因而个人的生活体验就至少是包括他对公务生活、闲暇生活和社会生活的感性把握和主观感受，主观感受好，就是满足感高，感受差就是满足感低。

可能很少有一个职业能真正地让人无比的满足吧！医生？装卸工？建筑工人？会计？服务员？我还真想不出有什么职业能让每个人都十分心仪。难怪从来就有"干一行恨一行"之说。可是，教育管理者可能会比较在意教师的职业满足感问题，在教育行业内常常拿这个话题来讨论，因为教师个人的生活体验状况不但影响着自身的生活质量，而且还影响教育教学质量，关系到学生能否健康成长和一国的教育事业的发展。也就是说，教师的职业满足感本身已经不只是教师本人的事了。

在我去过的几乎所有的学校，校长或教师都会向我咨询与职业满足感相关的问题，我意识到教师职业满足感偏低已经是个不争的事实了，有不少研究结论也支持了我的直观印象。

2005年，中国人民大学公共管理学院组织与人力资源研究所采用专业的调查工具，对我国教师的工作压力、工作倦怠与心理健康状况进行了调查，共8699名教师填写了调查问卷。本次调查结果显示：在被调查的教师中，有34.6%的人反映工作压力非常大，有47.6%的人反映工作压力比较大，两者加起来占到了被调查教师总数的 82.2%；有 49.7% 的人有较明显的情绪衰竭，只有 24.4% 的人情绪衰竭程度较低或者没有出现情绪衰竭的情况；有 68.2% 的教师成就感低落，在工作中没有体验到成就感；只有 8.2% 的教师对自身的评价较高，具有较高的成就感，认为自己能胜任工作。

  国内的其他研究机构和研究人员也曾多次对不同地区、不同层次的教师的职业压力和职业倦怠状况进行了调查研究，其结果大同小异。我看到一份调查报告，采用分层随机抽样的方法，从 31 个省市自治区中抽取教师共计 3307 人进行调查，结果是：我国大多数教师虽觉得衣食无忧，但生活只是平平常常，只有少部分教师体验到生活丰富多彩，甚至还有少部分教师觉得生活空虚无聊、衣食困难；尤其是小学教师比中学和大学教师更多地体验到空虚无聊，而女教师又比男教师更少地体验到生活的丰富多彩，发达地区教师也并没有因物质生活的富足而体验到生活的丰富多彩。

  显然，物质条件的改善并没有使教师的职业满足感得到相应的提升，这可能与教师职业的特点有关。与其他一些职业相比，教师的生活环境相对比较封闭，与外界接触机会比较少，因此眼界不够开阔；此外，教师工作时间长，虽然有寒暑假，可是教师职业具有很大的延伸性，备课、批改作业等工作占据教师校外很大一部分时间，教师拥有的自由时间和空间较少，因而导致教师生活体验倾向于平淡无奇。

  当然，教师职业满足感不够高，其背后的原因一定是复杂的，新课程改革的推进，聘任制的实施，绩效工资的实施，职称评审和定岗定编的实行，对科研成果的过高要求，各种各样的检查，工作内容的机械繁琐，学生成绩排名和升学率的压力，学生家长的不理解、不支持等，都可能是教师职业满足感偏低的原因。

  下面，请大家就职业满足感这个话题，结合自己的实际提出问题或发表看法。

. . .

问 职业满足感是一种真切的主观感受。在日常工作中，我们常常会为读到学生的某篇佳作而怦然心动，常常为课堂上学生的精彩表现而顿感酣畅，有时我们也能从家长求助的目光中感受一种被需要的价值……这些算不算职业满足感？但是，很多时候我们备感压力、情绪不高，究竟何为职业满足感？

答 职业满足感确实是一种主观感受，同样的处境下，有些人体验很好，另外一些人体验却很糟糕，这说明职业满足感与个人特质有关，这个问题我们将在下一个话题里来谈。但是，你所举的一些事例可能并不代表某人职业满足，因为职业满足感是一种更稳定的体验和美好的感受。如果相当长的一段时间里对工作的感受很差，才能称为缺乏职业满足感。

问 郑老师，能不能问您一个私人问题？我们很想知道您有没有在您的工作中获得满足感。

答 是的，我有满足感，没有比从事自己喜欢的工作更令人满意的了，现在我正在做的工作与我的职业兴趣刚好相符。所以，我的最好的朋友评论我是"为教育而生"的，我很认同。那么你呢？你的职业满足感如何？

问 我认为自己是职业满足感较高的那一类。我自己做了个分析，首先是成就感，我的工作得到了同道中人的认同和称赞，为此我很满足；其二是有意义，我喜欢研究学生，而儿童的心灵世界、认知规律等都让我觉得很有意思，工作总有新的发现，让我觉得教育不枯燥；其三是有表达的机会，我喜欢表达，喜欢将自己的发现、学习和实践中的感悟条理化，与同行、家长分享。当然我在工作上有时也会出现不良情绪，比如：自己的一些想法和创新不被接受的时候，不是说不被同事、家长和学生接受，而是不被这个体制接受。具体来说，自己经常面对教育界很多愚蠢、虚假、世俗的现象，心中实在不平，可是又无力改变，有时不得不随波逐流，被迫做一些明知是毫无意义的事。我认为自己是一个有激情的教育者，我对教育基本没有倦怠，但经常感到绝望，而伤害教育、让教育背离了本质规律的那些因素恰恰是我们这些人根本无法改变的。

答 你的感受我也时常会有，一种深深的绝望会纠缠着我，挥之不去。这时，我就只有搬出老祖宗孔夫子的话来自勉："明知不可为而为之"，我想教育是要有点精神的，而这句话用来揭示教育精神是再妥帖不过的了。老祖宗的话也许已经不能再指引我们，却还是可以激励我们的。

3. 内在因素

之前，我们在探讨职业满足感的时候，主要从外部环境的角度来分析，其实还有不少教师个体内在的因素也在发挥作用，与外在因素一起影响着教师的职业感受。今天的话题，我想谈谈与职业满足感相关的那些内在因素，主要包括个人能力、个人价值观、持续的学习、职业性格、职业兴趣等方面。

教师的个人能力是一个重要的内在因素，一般而言，工作能力强的教师相比工作能力弱的教师，更能从工作中获得成功感，因而也更喜悦、更满足；能力与工作的搭配程度可以直接地影响员工的工作满意度。

职业满足与教师的性格也很有关系，那些拥有正面性格特征，如快乐、讨人喜欢、肯施舍的人，工作满意度会比较高；相反，那些总是被悲观和消极情绪主宰着的教师，是无法从工作中获得满足的。在职业选择时，职业性格会被看成是重要的依据。

在一般的实践活动中，由于不同的性格类型之间可以互相补偿，因此对活动的效率影响并不明显。但对于一些特殊职业，如飞行员、宇航员、教师等，对人的性格类型有特定的要求，因此，有些人的职业性格与教师职业的特殊要求相悖，也就无法从教师职业中获得满足。在教师队伍中，不少人是"入错行"了，他们糟糕的职业体验其实与职业无关。所以，建议大家可以去做一个《职业性格类型测验》，如果你实在对教师职业感觉很差的话。

学习，持续性地学习，并将学习与工作建立联系，与个人的职业满足感相关。并非所有的学习都与教师职业满足有关，只有把自己的学习与自己的工作结合起来，有效地解决工作中的问题，有效地指引工作的未来，你才会从学习中获得更大的满足。

个人价值观也与职业满足感相关。这里有两种情况，一种情况是，如果你的价值观符合学校的价值文化，那么你的满意度可能较高；另外一种情况是你的个人价值观会认为奉献于学生和他们的未来，对学生的未来构成良性的影响，这本身就是一种幸福。幸福是主观的，因为幸福是人的存在目的，是人的目的性追求，幸福受着人的价值观念的支配。关于幸福的问题，我想放到下一个话题来谈。

职业兴趣与满足感相关。不同的人兴趣不同，同一个人也有多种不同的兴趣。职业兴趣是指人们对希望从事的职业或工作的愿望或偏好，一个人事业上的成功，以及在职业上获得的美好体验，不仅受到他的能力倾向的影响和制约，而且与人的职业兴趣有着密切的关系。除了有着卓越的才能，他们往往具有对自己所从事的职业的强烈的兴趣。"恰当的人从事恰当的工作"，指的就是自己的职业兴趣符合职业特点，这样的人更容易成功，也更能够从中获得满足。我就是其中一例吧！

有些人属于操作型，他们具有直率、随和、重实践、节俭、稳定、坚定和不爱社交等性格特征。这类人通常具有机械技能和体力，但缺乏社交能力。他们喜欢有规则的具体劳动和需要基本操作技能的工作，他们喜欢现实性的实在的工作，如机械维修、木匠活、烹饪、电气技术等。你们看，抱有操作型职业兴趣的人，适合当教师吗？显然不行，我想如果他们当教师的话，不仅他们自己不舒服，他周围的人，无论学生还是同事都会觉得有问题。

有些人属于研究型，他们聪明、理性，具有好奇、内向、理解力和逻辑性强等性格特征。他们通常具有较高的数学和科学研究能力，喜欢独立工作，喜欢解决问题。他们喜欢各种研究性工作，如科学研究人员、医师、产品检查员等。我想，抱有这种职业兴趣的人，大概也不适合当教师吧。

有些人属于艺术型，他们相信直觉，具有冲动、无秩序、情绪化、理想化、不重实际等性格特征。他们感情丰富、想象力强、富有创造性，喜欢艺术性质的职业和环境。他们喜欢艺术性工作，如音乐、舞蹈、歌唱等,但不善于事务工作。

有些人属于社会型,他们善于合作,具有友善、负责任、圆滑、活跃、善社交、善言谈、洞察力强等性格特征,这类人通常喜欢周围有别人存在,对别人的事很有兴趣,乐于帮助别人解决难题。他们喜欢社会交往性工作,如教师、咨询顾问、护士等。

有些人属于管理型,他们有野心,具有外向、冒险、独断、乐观、自信、精力充沛、善社交、喜好支配和领导他人等性格特征,这类人通常具有领导才能和口才。他们喜欢诸如推销、服务、管理类型的工作,更适合同人和观念而不是事务打交道。其典型的职业包括政府官员、企业领导、销售人员等。

有些人属于事务型,他们做事务实、有效率,具有顺从、谨慎、保守、随和、稳重、有耐性等性格特征,他们有很好的数字概念和统计能力,喜欢有系统、有条理的工作任务,乐于同文字、数字打交道。其典型的职业包括秘书、办公室人员、记事员、会计、行政助理、图书馆管理员、出纳员、打字员等。

据研究,大多数人可以划为某一职业兴趣类型,而每一种职业兴趣类型又都有两种相近的类型和一种相斥的类型,比如社会型的人显然适合当教师,管理型、艺术型是与社会型相近的两种类型,而操作型则是与社会型相斥的类型。

以上我讲了与职业满足感相关的内在因素,这些因素中我主要讲了适应性问题,尤其是职业兴趣的适应性问题,供大家学习和思考。总的意思是说,如果你无法从职业生活中获得满足,过错未必在教师这个职业,而可能在你自身。

下面请大家自由发言。

· · ·

问 您谈到了与职业满足感相关的五个因素:个人能力、职业性格、持续的学习、个人价值观、职业兴趣,在这五个因素中哪些是先天具备的,哪些是后天养成的?如果需要后天改善和养成该怎么办?

答 这是一个我未曾研究过的问题，只能凭我的经验来回答。我想可能"个人能力、职业兴趣和职业性格"更多地受遗传因素影响，另两个因素可能受环境影响更大些。过去人们说人生的两大痛苦，一是"嫁错郎"，还有就是"入错行"，所以自由选择职业以及职业流动都是符合人道的制度安排。因为对这个问题的回答未经科学考证，所以就先回答到这里，下课后大家可以检索一下。

问 您非常清晰地对五个要素进行了讲解，请问它们之间有什么联系？其中您认为最重要、最能影响其他要素的是哪一个因素？

答 这五个因素之间肯定是有关系的，但是究竟是什么关系，很难描述，如果只有两个因素，相对来说容易描述。这五个因素中有意识，有兴趣，有性格，有观念，还有能力，都很重要，但一定要我说出最重要的一个，我认为可能是职业兴趣吧。因为在这方面没有研究，只能说说自己的感受和个人经验了，就比如说我从事了教育培训业，我很满足，当然有很多因素让我满足，有个人能力、性格、学习的愿望、价值观念等，但是兴趣还是起了关键作用的。好多人问我，你以前当校长不是好好的，为什么转行了呢？我没有回答说我具备了能力，没有回答我的职业性格或者这份工作有价值之类的，我的回答是"我喜欢"。

问 我想到的是另一个问题，我们往往产生严重职业倦怠的时候，才认识到教师职业其实不适合自己。这既是一件幸运的事，又或许是一件残酷的事。因为离开教师职业，我们又能去做什么呢？一如婚姻，有多少妥协于现实的人啊。同样，也有太多的人在"弃之可惜，食之无味"的职业体验中妥协，尤其是教师。

答 在这个问题上，你的认识很深刻。往往人们入了门之后才发现教师职业不适合他（她）。不过即使不适合，也未必就会离开，因为离开是需要成本的。婚姻大概也是如此，离婚需要成本，可能更昂贵的成本是精神上的。要是进门之前先进行职业兴趣测试，"悲剧"是不是不会发生？我认为未必，因为当教师，实际上门槛还是太低，对读过大学的人来说，如果不到学校当个教书匠，还有多少地方可以去呢？所以，不得已进教师门的人可能并不在少数。学校基本上不是一流人才待的地方，那是由教师的劳动力价格决定的。因此一错到底也是平庸的人的无奈之选。

4. 人生幸福

不少中小学都将"让孩子们幸福"作为办学宗旨，我觉得这个心愿很好，体现了以学生为本的思想。今天想和大家聊一聊幸福，以加深大家对幸福的理解。对幸福的真谛是否领悟，与一个人的职业满足感高度相关。

首先，我们要将幸福与快乐进行区分。我们一般把人的需要获得满足之后而产生的心理体验称之为快乐，而许多人将幸福和快乐画上了等号。在思想史上，不少哲学家都强调幸福与快乐的联结，17世纪的洛克在《人类理解论》中明确指出：幸福就是我们所能享受的最大快乐；19世纪英国空想社会主义者格雷在《人类幸福论》中的观点也是以感觉论为依据，认为幸福存在于通过感觉的媒介作用而给予我们的愉快的印象之中，不幸则是由于不愉快的印象而产生的。

但是，幸福与快乐是不同的，真正的幸福总是给人以快乐，而并非所有的快乐都能使一个人幸福。快乐并不是生活的全部，快乐更多的是指生理需要的满足，快乐较之幸福更容易获得，其刺激性更强；作为人的最高满足，幸福涉及人生的目的和理想以及价值观念和道德行为等问题，是一种精神上的愉悦。

其次，我们要将幸福与痛苦进行区分。不少人都会认为幸福与痛苦是不兼容的，至少从逻辑上说是这样的。但我们读到的哲人们的深刻话语，与我们的认识不同，伊壁鸠鲁说过："只有当我们痛苦而无快乐时，我们才需要快乐；当我们不痛苦时，我们就不需要快乐了。"卢梭也认为："如果使我们感到快乐的环境无止境地存在下去的话，则我们将因对它享受惯了，而领略不到它的趣味了。如果外界的事物一点都不改变，我们的心就会变,不是幸福离开我们,就是我们离开幸福。"

也就是说,人只有经过痛苦才会产生幸福的需求,否则不然。这样说来,幸福和痛苦是两个不能单独成立的东西,二者既相对立、排斥而又相联系和转化。我们日常生活中也能体会,幸福只有在日常生活中感受过痛苦和不幸才有可能真正被感受。也就是说,幸福内在蕴含着痛苦,所以我经常说"幸福就是有良好理由的痛苦和负担",就是这个意思。

下面,我向大家介绍一下关于幸福的几个理论,讲完后请大家结合职业生涯和职业满足感等问题再做一些讨论。

第一个理论是"适应理论"。个体对社会转型和社会发展所导致的新的生活事件,最初往往反应较为强烈,但随着时间的推移,他们会逐渐习惯并适应新的生活情境,致使其反应又回到原来的状态。"适应理论"认为,生活事件本身并没有什么内在的价值,而是要以其他因素为背景对其进行评价。因此,面临各种生活遭遇的人们,他们会逐渐接受现实的。

第二个理论是"社会比较理论"。你与其他人进行比较,会影响你的幸福感。"社会比较理论"强调个体与他人的比较,个体如果感到自己优于他人,则会感到幸福。社会比较一般可以分为向上比较和向下比较两种,如果向上比较,则主观幸福水平会降低;如果向下比较,则主观幸福水平会升高。幸福的人常作向下比较,感到不幸的人常作向上比较。

第三个理论是"目标理论"。"目标理论"认为,个人的幸福有赖于人们的生活目标,如成功地实现个人的目标,会产生积极的情感体验,而目标之间发生冲突,则会产生消极的情感体验。有些目标为内部的需要服务,有些目标则为外部的需要服务。那些满足内部需要的目标,比如自主、人际关系和能力等,会引发人的积极感受,而那些反映外部需要的目标则往往引发人的消极感受。

第四个理论是"活动理论"。"活动理论"认为,幸福感产生于生活本身,例如恋爱活动的过程要比恋爱的结果更能给人带来愉悦。当你投入到某项活动中的时候,如果这项活动的难度与你的能力相匹配,那么你就会产生一种"幸福流"的感觉。

第五个理论是"人格理论"。"人格理论"认为,个体的人格特质决定着幸福感的水平。在心理学领域研究较多的是自尊和乐观两个变量。有研究表明：（1）在集体主义文化中，两者的相关度较低；（2）自尊与生活满意度显著相关；（3）人际关系和谐、交往的双方彼此感到享有自尊是生活满意度的预测指标。

第六个理论是"遗传理论"。"遗传理论"认为，人类的愉悦或痛苦受基因素质的影响，而神经系统的先天差异会造成人与人之间主观幸福的差异。例如，气质与主观幸福显著相关，气质决定了个体生活中出现的行为反应和情感反应的生物倾向性，是神经结构和神经机能决定心理活动的动力属性。气质在很大程度上具有基因成分，从而使气质不同的人体验到不同水平的主观幸福。

刚才，我向大家介绍了关于幸福的一些经典的理论，关于如何让自己的一生过得更好，我没有资格教育你们，请你们联系自己的实际谈谈感受吧。

. . .

问 就我个人的体验，当我的个人目标和价值得到实现，自然会带来幸福感，但在现实中，却不完全由着自己，因为实际上对教师工作情况的评价更多是来自外部、他人或组织，常常出现自我感觉和自我评价与外部评价不一致的情况，在这种情况下，人的心态容易失衡，特别是没有获得来自外部的公正评价的时候，会感觉自己很受委屈。郑老师您认为如何才能调整心态，寻找属于自己的幸福感？

答 虽然外部诸多因素与幸福相关，但幸福毕竟还是主观的。至于如何调整心态，我倒是没有研究过。我不认为一些所谓调整心态的方法有多么好，如果我们将自欺欺人的办法称为调整心态的话，那么就根本不是什么好办法。我的观点是接受现实，如果是苦难，那就告诉自己这就是苦难，去承受吧，而不要骗自己说那是好事，那是福。好事就是好事，坏事就是坏事，福就是福，灾难就是灾难，不必通过骗自己来调整心态，阿Q或阿Q式的生活态度并不会让人幸福。我的意思是说，如果受了委屈，就承认这是一个委屈，心中有些酸楚，甚至很苦恼，那就承受这一切。有时候，哭过了，也就好了，别太在意自己的委屈。

问 如果人们常说的"二八理论"成立的话，处在前20%的人，主要就是获得事业成功的人，他们的幸福感会不会高一些？

答 这是个好问题。我们应该将成功与幸福进行区分，事业上取得成就我们称之为成功，但是事业上的成功未必代表人生的成功。所以事业有成仅仅是与幸福相关的一个因素，但是对幸福不起决定作用。相反，那些也许过得很幸福的人很可能在事业上并不成功。这就提醒我们，作为教师，关注孩子们的幸福，让孩子们过更美好的生活，有其独立价值，也就是说不要有"我们让孩子们更幸福了，他们的学业成绩就会更好了"等等之类的非分之想。同样的，教师更幸福了，不等于他们就会更努力工作，让教师们过得更美好，这本身就具有独立的价值。

5. 职业枯竭

谈了不少职业的满足和幸福问题，相信大家对人生、对职业都有了更深一层的认识。

据研究，教师职业生涯大概要经历五个阶段：热情期、成熟期、挫折期、焕发期和消退期。也就是说，在职业生涯的某个阶段出现一些不良状况似乎是不可避免的事，尤其是在职业挫折期。

刚开始走上工作岗位的时候，我们充满工作热情，很有梦想，不惧任何困难，有时甚至过度自信，甚至还瞧不起老教师；差不多三五年之后就会进入到职业成熟期，这个阶段，对自己所从事的工作已经游刃有余驾驭自如了；而后很有可能进入职业挫折期，面临职业枯竭的危机；如果能从职业挫折期走出来的，就会进入焕发期，重新焕发了职业的青春与活力，往往成为名师和名家的人，就是从职业枯竭中重新点燃热情之火的人；直到临近退休，进入消退期，开始筹划退休之后的生活了。

在这里，我主要想和大家探讨一下职业枯竭这个话题，因为大家都是成熟期的教师了，与大家谈谈职业挫折期内的问题可能对大家有用。这是一个与职业满足感和幸福反向有关的问题，虽然消除了职业枯竭和倦怠未必带来满足和幸福，可是对反向问题的讨论依然是很有价值的。

什么是职业枯竭？人们对自己长期从事的职业产生一种疲倦感，从而引起了生理和心理两方面的问题，比如说身体特别容易疲倦，在心理上压抑，在思考、感觉方面的不敏锐，在精神上因生活中缺少兴趣和意义而导致忧愁和悲观情绪，经常情绪低落，创造力衰竭，价值感降低，人性化淡漠并伴有攻击性行为……我们将这些情况称为职业枯竭。

20世纪70年代以来，国外的众多调查数据已经证明，教师职业是一个高压力职业。毫无疑问，当所从事的职业压力越大，则职业枯竭的现象越严重。因为不堪重压，教师在其教学质量、义务承担方面的努力会受到削弱，他们给学生提供的信息较少，他们对学生的进步视而不见，他们对学生的思想观点不认同，对学生也丝毫不感兴趣。

在导致职业枯竭的诸多因素中，我格外注意到教师的"角色超载"的问题，这是与工作负担紧密相连的一个因素，当教师在工作中同时扮演多个富有挑战性的角色，在有限的时间内做多种工作时就会发生"角色超载"。我觉得角色超载的现象非常严重，相信你们一定也有体会。作为骨干教师，有来自各方面的工作要求，要求你能扮演好各种角色，一些人可能会觉得难以承受。

当出现以下情况时，我要提醒各位小心，职业枯竭可能已经来临：你有没有感到自己已经不如以前那样被领导赏识？对上班是不是感到恐惧？对工作无兴趣，上班时总盼着快点回家？是否不愿和同事、家人交谈聊天？对工作你开始得过且过，出现问题也不想解决了，在工作中已无创新兴趣，别人怎么安排你就怎么干？领导分派任务你是不是总想逃避？面对问题，你是不是总觉得无能为力？是不是会常常觉得收入太低抵不上你的辛勤付出？你会心不在焉经常出错？你是不是觉得只有你一个人在忙碌，别人都很清闲，他们也不帮你不支持你？你是否疲于应付那些难缠的人，家长和学生都在与你过不去？平时你是否很少进行娱乐活动，一旦参加娱乐活动你是否有一种负罪感？

我列举了不少职业枯竭时可能出现的情况，你可以自测一下。

自测非常重要，自测是建立职业生涯预警机制的一个重要的部分。作为一个职业人，对自己进行职业生涯年检应该成为你的一个惯例。年检主要完成三个方面的工作，即"测、定、学"。"测"是指对自己职业状况进行自我测评；"定"就是制定职业生涯规划，即为职业生涯发展定向、定位、定目标、定时间、定方法、定步骤；"学"是通过教育和培训的方法提升自己。

如果出现一些职业枯竭的症状，那你就得要努力提高自己的情绪智力了。情绪智力高的人，能承认人的正常心理情绪反应，学会宽容自己、善待自己，也就是能了解自己的情绪，接受自己的情绪，控制自己的极端情绪。我看到过一份资料叫作《坏心情自救法则》，提出七个法则，不知道是否管用，大家心情不好的时候可以尝试一下：吃顿海鲜；喷点香水；设定一个容易完成的目标；喝杯全脂牛奶；跑步（经常跑步者压力更小，生活不公感更少）；打个盹；翻阅旧照片（怀恋往事可提高自我关注度）。

消除职业枯竭，还要敢于突破自我极限。许多极限是受我们的观念影响而自我设定的，你的一些消极观念其实就在时时给你暗示。如果你的职业心理极限常常表现为情绪极限的话，你怎么可能从职业枯竭中走出来呢？如果你在工作中总是受不了这种气，受不了那种窝囊，受不了这种压力，受不了那种挑战，受不了，你就开始逃避和退缩，就说明你需要突破自我极限，得让自己获得解放。解放自己的只能是你自己。在工作场合，能把自己的情绪和工作本身分开，是职业素质高的一种表现。

此外，我们还可以寻求社会支持，找自己的朋友倾诉，或享受家庭和独处时光。处于职业枯竭的泥潭中的人，绝大多数都是将醒着的时间几乎都贡献在工作上了。如果在工作之余，花一点时间与你的朋友联络联络，吃吃饭、喝喝酒，或者独自一个人反省、沉思、发呆，甚至做做白日梦，都可以起到放松、澄清，继而提升自己的作用。

总之，只要采用正确的策略和方法，就能从燃烧过的废墟中生出新的能量和精力来。

下面请大家思考两个问题：一是如何避免自己的职业枯竭，二是如何为职业枯竭的同事提供帮助。

・　・　・

问 您提到教师职业生涯要经历五个阶段：热情期，成熟期，挫折期，焕发期和消退期。首先，这五个阶段是不可逆的吗？进入焕发期后会不会折回到挫折期？其次，并非人人能进入焕发期，从挫折期走向焕发期是一个成熟教师应对职业枯竭的关键期，可以这样理解吗？

答 职业生涯阶段理论本身是一个高度概括的结果，现实生活中实际上要复杂得多，你说的情况完全存在。确实有不少教师的职业生涯停滞在了挫折期，直到退休的。而那些从挫折期毅然走出来的教师，往往成为了名师或名家，所以我同意你的说法，要成为一个了不起的教师，关键就看在挫折期能否从容应对职业枯竭问题。

问 职业枯竭会不会影响到职业以外的生活质量？

答 那当然，工作和生活本来就密不可分，职业满足感会对一个人的整体生活质量产生影响。但是，一个真正成熟的人，一个情绪管理能力强的人，应该渐渐学会将工作与生活做适当地切割，尤其是情绪上的切割，无论工作还是生活，都不要将恶劣情绪卷入其中，既不能将生活中的不良情绪带到工作场所，也不要把工作场所的不如意带回家。

6. 何为专业

从职业这个角度看，你与其他受雇的人员没有什么本质的区别。但是，教师这个职业又不同于一般的雇员，教师不仅是个职业，而且还是一个专业，所以才有"教师专业发展"这个命题。我想，虽然教师到底是不是一个专业，目前还存在较大的分歧，但作为行业内的人来说，我们必须要捍卫教师专业的尊严。

那么，到底什么是专业呢？国际上最早对"专业"进行系统研究的是英国社会学家卡尔·桑德斯，桑德斯指出：所谓专业，是指一群人在从事一种需要专门技术的职业，这种职业需要特殊智力来培养和完成，其目的在于提供专门性的社会服务。日本学者石村善助也是较早对"专业"这一概念进行解读的人，他认为：专业是指通过特殊的训练或教育，掌握了已经证实的知识，具有一定的理论基础和特殊技能，从而可以从事具体的服务工作，借以为全社会利益效力的职业。

我国《现代汉语词典》（第6版）中关于"专业"的解释是：高等学校的一个系里或中等专业学校里，根据科学分工或生产部门的分工把学业分成的门类；产业部门中根据产品生产的不同过程而分成的各业务部分；专门从事某种工作或职业的；具有专业水平和知识。

以上研究和解释，使我们对职业与专业有了更深的理解：职业是一个与专业密切相关的名词，但职业不都是专业，一个职业要想成为专业，必须要具备一定的特征，这些特征显然需要特殊的知识、技能和能力，如果没有经过严格的训练，常人是无法达到专业要求的。

有研究者综合美国学者科温与中国香港学者曾荣光的研究成果指出，专业的特征应该包括以下方面：为社会提供专业服务、具有专业知识与技能、有专业自主和自治、有专业守则、有专业团体、获得社会的高度信任和满意、较高的社会地位和经济地位、接受过长期训练、能从事研究活动。

通过对教师专业问题的思索和研究，我认为教师如能从职业被称为专业，应具备以下特征：

1. 为公众服务。能被称为专业的，就不仅是为私人服务的，绝不是"私人定制"的。公共服务的这一特征要求教师如同医生一样，不能挑选"顾客"，医生不可以挑病人，而教师也不可以挑学生。医生不能将疑难杂症的病人置之门外，教师也不能只教优秀学生而将差生弃之不顾。专业人员有以顾客的利益为压倒一切的使命感。

2. 终身学习。专业人员应不断学习才能掌握专业领域内的新成就，那些新知识、新技术甚至新思想都对专业服务的质量产生影响，而且一些影响可能是深刻的。对教育来说，信息技术、心理学和脑科学的研究成果可能带来革命性的贡献，因此，持之以恒的理论与实践训练，对专业人员来说是必需的。

3. 终身从事。专业人员甚至没有退休年龄，因为专业人员采用的方法与程序，不仅有系统的理论知识与研究支撑，而且有潜在知识的支撑，正是多年累积起来的显性知识和潜在知识，使得专业人士往往"老而弥坚"、"炉火纯青"。那些老医生、老会计、老律师、老教师，他们有过人的技艺和可值得信赖的资历，实在是潜在知识的功劳，关于潜在知识的相关知识，我将在后面与大家分享。

4. 基于问题的研究。专业人士应具备研究能力，这样才能形成自己的判断，而不受专业之外力量的控制与影响。专业是建立在科学基础上的，而科学是不断研究和探索的事业。教师作为专业，对教育进行的研究不仅为了取得研究成果，更重要的是促进自身的发展，可能没有比从事基于问题的研究活动更能促进专业成长的了。

5. 高度的自主性。凡专业都是自主性极强的，就是在工作现场具有比一般的职业更大的自由处置权，因此，专业都是倾向于自治的，而正因为自主权大，因而所应承担的责任也就更大。一些学校在管理上限制了教师在教学内容、教学方法和评价学生学习方式的选择权，其实是不信任教师的专业水准；而过多地干预了教师的教学权，却要教师为教学结果承担更大的责任，这本身是不符合逻辑的。

教师到底是不是专业，通过我以上内容的讲述，由你自己去判断了。我的观点是，教师还不能被称为是真正的专业，所以要专业化。

什么是专业化？专业化是一个社会学概念，其含义是一个普通职业群体在一定时期内，逐渐符合专业标准，成为专门职业，并获得专业地位的过程。也就是说，专业化是一个动态的过程，代表着教师职业是一个由不专业到半专业再到专业的动态发展过程。目前，对专业化的这种理解，获得了学术界较为一致的认可。

下面，请大家就教师的专业和专业化问题展开讨论。

. . .

问 现在好像任何人都有资格来指导教师的工作，谁都可以对教育说三道四，对这一现象您怎么看？如果您是一名一线教师，面对来自非专业人士的"指导"您会怎么做？

答 作为教师，虚心接受来自各方面的指导，没有什么不好，即使有些意见或者建议来自非专业的机构或人士。教育本身是一项涉及千家万户的事业，大家批评教育，对教育提出各种甚至是苛刻的要求，也是可以理解的。不过，一些人仗着自己的权威地位对教育指手画脚、颐指气使，我们应该零容忍。我有时候觉得，一些蛮不讲理的领导，之所以变得如此霸道，实在是被温顺的如同羔羊般的"人民群众"惯宠出来的。该说"不"的时候就要说"不"。作为教师，不能勇敢地追求真理，那么我们又如何教学生追求真理呢？

问 有人说现在已进入以互联网、新材料、新能源为标志的第三次工业革命，尤其是互联网带给教育的重大影响，比如MOOC课程教学模式出现，以及现在提出的翻转课堂、网上微课程资源等，给现有的传统教学模式带来冲击。在这种形势下，如何定义教师的专业发展？

答 我想面向未来的教师教育,在理念上一定要从传统的"培训"中摆脱出来。我们不能因为外部世界的革命而给教师提出了新的挑战,于是就又给教师开设一门新的培训课程,否则专业发展对教师而言始终是一种强制。面对迅速变化的未来,我们不是给教师更多的知识与技能,而是自我的持续发展能力。我认为技术对教育的影响说起来总是深刻的,可实质上总是粗浅的。我不认为教育在可见的未来会有什么革命,不是我不愿意看到,而是不可能看到。

7. 专业发展

我们这个工作坊的学习涉及三个领域的知识，第一个领域即专业发展，下面切入正题，我们来谈教师的专业发展问题。

在传统社会里，教师从未被看成是一个专业，而是一个相当自由的职业，没有培训和考核的要求，只要有知识和兴趣，任何人都可以开馆设学，教学是一种纯粹的个人行为，就如孔夫子，既没有人给他评专业技术职称，也不会有人考核他的工作业绩。

19世纪80年代到20世纪70年代，教师成为了一个职业。在这个时期，要求教师达到一定的学历层次、知识结构、教学技能，并关注教师的权力、地位、利益、工作条件等方面的改善。

从上世纪七八十年代开始，教师专业发展问题成为欧美国家一个蓬勃发展的研究课题，"教师专业发展"这一概念才正式提出来，才开始将教育工作视作一种专门的职业，把教师视作一种从事教育教学工作的专业人员。1966年，联合国教科文组织在其一篇名为《关于教师地位的建议》的文献中写到："教育工作应被视为一种专业，这种专业要求教师经过严格且持续不断地研究，才能获得并维持相应的专业知识和专门技能，从而提供公共服务。"这是联合国文件中第一次对教师的专业属性进行权威表述。

在《中华人民共和国职业分类大典》中，将我国各种各样的职业归并为八大类，教师属于"专业技术人员"一类；《中华人民共和国教师法》第三条也规定，"教师是履行教育教学职责的专业人员"，"学校应当提供条件来保证和促进教师的专业发展"；2012年2月10日，教育部下发《关于印发〈幼儿园教师专业标准（试行）〉〈小学教师专业标准（试行）〉

和〈中学教师专业标准（试行）〉的通知》（教师〔2012〕1号）。以上这些文献都支持教师成为一个专门的职业。

教师职业到底是不是专业，这是一个有争议的问题。反对将教师看作是专业人士的人坚持认为，教育工作所能得到的专业支持其实十分贫乏，在教育的学术界对一些基本问题尚且难以达成共识，教师事实上也缺乏专业所必需的自主权，但又必须是个专业，因为专业化实际上是作为一种改善教师地位和工作条件的策略。于是，至少在教育行业内，我们基本达成共识，就是将专业发展看作是一个动态的过程，即教师职业是一个从不专业到专业的发展过程，教师是不断发展的人，教师是一个学习者，教师职业是专业化的职业，教师专业需要具备一定的知识理论体系和相应的道德伦理规范，需要一定的素质与技能。

既然教师职业的专业化是一个过程，那么在这个过程中，随着教师参与程度和主动性的不同，教师专业的成熟速度也一定有快有慢，那么，教师职业的专业特性的增长与达成，是否有阶段（或者台阶）呢？也就是说，有没有一些尺度来衡量教师专业发展的速度和程度呢？

我想，讨论这个问题至少有两个好处，一是给你们自己的专业发展速度和程度提供一个坐标系；二是大家作为首席，要带动你的同事们的专业发展，为识别他人的专业发展速度和程度提供了一个坐标系。对教师专业发展阶段的认识，最直接的益处就是可以通过对当前发展水平的评估来为发展规划的制订提供指针和目标。

与教师专业发展的其他理论一样，在有关教师发展阶段的研究上也存在一定的分歧。不过，大多数发展阶段理论都植根于美国学者费朗斯·富勒的研究，我要向大家着重介绍的就是他的"关注"阶段论。之后，在这个理论的基础上形成了"职业生命周期"阶段论、"心理发展"阶段论、"教师社会化发展"阶段论和"综合"阶段论。

"关注"阶段论是费朗斯·富勒与其助手在60年代初开始进行教师专业发展阶段的研究，并编制了著名的《教师关注问卷》，根据教师所关注的问题的变化来确定教师的发展阶段，共分为以下四个阶段：

1. 教学前关注（Pre-teaching Concerns），即职前培养时期。这个阶段，教师们还在学校学习，他们扮演着学生角色，却开始想象教师的角色。因为他们还没有亲身经历教育工作，根本没有什么教育经验，所以他们只关注自己。不仅如此，他们对于教他们的教师还抱有观察和评判的态度，他们往往瞧不起教他们的老师，甚至还带有敌意。

2. 早期生存关注（Early Concerns about Survival），即初次接触实际工作的实习阶段。这个阶段，他们所关注的主要是自己的生存问题，即能否在学校的新环境中生存下来。所以他们关注的是班级的控制和学生的纪律问题，关注自己的教学内容是否精通和熟练，关注领导对自己的评价，关注学生、家长和同事的肯定、接纳等。在这个阶段，他们都表现出明显的焦虑与紧张，所以这一时期的压力是相当大的。

3. 教学情境关注（Teaching Situations Concerns）。在这个阶段，他们虽然还在关心"生存阶段"的种种问题，但是逐渐开始关注教学的复杂性问题，他们会开始思考教学上的种种困难和问题，开始真正致力于自己能力的提升；他们较多关注教学所需的知识、能力与技巧，以及尽其所能地将其所学运用于教学情境之中。也就是说，在这个阶段，他们关注的是自己的教学表现，这与前两个阶段相比是个不小的进步，但他们仍然没有充分地关注学生的学习。

4. 关注学生（Concerns about Students）。富勒将"关注学生"作为教师发展的最高级阶段，认为教师只有到达这个阶段，才在专业上获得了真正的提升。要做到关注学生其实非常的不易，虽然许多教师在前三个阶段就能表达出对学生的学习、品德乃至情绪需求的关注，却并不能真正地适应或满足学生的需要，往往要等到自己适应教学的角色压力和负荷之后，才能真正地关怀学生或者关注自己对学生的影响以及自己与学生的关系等等。

富勒的研究从一个侧面反映了教师专业发展过程中所呈现的规律，即在不同发展阶段，教师的关注点有所迁移与变化。这一研究成果得到了学术界的广泛认同，他的理论不仅为教师发展领域的研究开辟了先河，而且也为后继者的研究奠定了基础。我个人非常欣赏富勒的洞见，经常会引用他的关注理论来指导自己的发展。不过，你们也可以深入学习其他理论，我觉得这些理论你都可以选择，只要有解释力，并能在你的发展环境中指引你的发展就行。下面介绍另四个理论：

"职业生命周期"阶段论。这个理论以人的生命自然地衰老过程与周期来看待教师的职业发展过程与周期，其阶段的划分以生命变化周期为标准。主要的代表学者有伯顿（求生存阶段、调整阶段、成熟阶段）和费斯勒（职前教育阶段、入职阶段、能力形成阶段、热心和成长阶段）等等。

"心理发展"阶段论。这个理论是把教师当作一个成年的学习者来看待，代表学者有利思伍德等。该理论把教师的发展分为四个阶段：世界观非常简单，即坚持原则、相信权威；墨守成规；较强的自我意识，能够意识到某些教学情境下的多种可能性；较有主见，尊重课堂，能够从多角度分析遇到的课堂情境。

"教师社会化发展"阶段论。这个理论关注的焦点集中在个人的需要、能力、意向与学校机构之间的相互作用上。主要的代表学者有莱西："蜜月"阶段、"寻找教学资料和教学方法"阶段、"危机"阶段、"设法应付过去或失败"阶段。

"综合"阶段论。利思伍德认为，教师专业发展是一个多维发展的过程，专业技能发展、心理发展和职业周期发展三个维度既相互独立又相互依赖，有着密切的联系。

贝尔和格里布里特则给出了教师专业中所遇到的三种情境，而没有使用"阶段"划分，这三种情境分别是：确认与渴望变革、重新建构和获得能力。

好了，关于专业发展的理论部分就介绍到这里，下面自由发言。

· · · ·

问　以前我们学习过富勒的"四阶段"理论，感觉到她的理论很有说服力，能帮助教师认清自己目前的专业发展阶段，建立专业发展目标，避免发展中的迷茫和焦虑。我想了解一下，这个理论之上的核心理念是什么？如果将"关注学生"视为它的核心理念的话，请问这一理念是否应该在前几个阶段就逐步建立？

答 关于教师专业发展的阶段，其实有不少理论假说，富勒的理论只是其中一个假说，是很有说服力的一个假说，而且为其他之后产生的教师专业发展阶段理论提供了一个研究基础。学习了解了这些不同的理论假说之后，我们就可以发现，这些理论之所以不完全相同，是因为它们各自的视角不同，富勒的理论是将教师专业发展放到社会关系中去考察的，因而富勒看到的就是教师与自身、与任务和与他人的关系，她是按照由内而外的顺序来排列这四个阶段的，确实很有解释力。你刚才问我，这四个阶段背后的理念是什么，我的回答是：无所谓理念的，理念就是视角，换一个理念其实只是换了一个视角。就比如说，在课堂里，有人看到了基础知识，有人看到了师生关系，有人看到了纪律和规范，还有人看到了文化，所以就有不同的课堂教学理念了，其实只是视角不同。至于你问的，是否"关注学生"在前三个阶段就已经开始逐步建立，我想应该是这样，新的特质总是从旧的因子里滋长出来的。就如同青蛙和知了是发展的高级阶段的话，之前的蝌蚪和蝉蛹并不是它们的对立面。

问 现今很多博士、硕士毕业生走进中小学课堂，虽然有的没有接受过师范专业教育，但他们具备较强的研究能力，又没有传统教育框框的束缚，您认为如何更好地帮他们规划专业发展？

答 这个问题我很喜欢。确实在师资队伍中高学历的人才越来越多，这是一个好现象。我认为这些人不仅研究能力强，更可贵的是他们的学习能力，我毫不怀疑博士和硕士们的学习能力，因此，我们也有理由相信这些经过严格学术训练的教师们会后劲十足。我认为他们主要缺乏的是"临床经验"，也就是所谓的潜在知识（隐性知识），而要丰富这方面的知识没有别的办法，也就只有靠"实践"加"反思"了。

8. 发展策略

我们已经讨论了教师专业发展的内涵问题,接着我们要探讨一下教师专业发展的策略问题。我对相关的研究做了一些梳理工作,结合自己的思考,与大家分享:

1. 参与课程开发。我比较了解教师专业发展的各种策略,做过不少教师培训的实践工作,我认为,你自己亲身参与到课程开发中去,是促进专业发展非常有效的策略。我甚至认为,参与课程开发是专业发展的首要策略,因为课程改革是当前教育改革的主要背景,我们要将自己的专业发展放到这个背景中去。事实上,也只有在课程开发的过程中,你才可能形成课程开发的意识,提高专业知识与能力,形成课程开发等一系列能力。教师专业发展与课程开发之间的相互依赖关系表明,通过课程开发可以提升教师的专业发展水平。不过,利用课程开发来促进专业发展,还需要一定的外部条件,比如学校支持教师参与课程开发,比如学校提供丰富的学习资源以及强有力的课程专业指导等。但是,关键还在你们自身有没有勇气和热情投入到课程开发中去,在这方面你们应该成为首席,在教师中起到引领的作用。

2. 参加校本培训。所谓校本培训,是指以教师所任职的学校为主阵地,以教师互教互学、在岗业余自学为主要方式的一种培训与进修模式。很多研究者都认为校本培训是一种促进教师专业发展的良好途径,不少一线教师也更欢迎校本化的培训。有研究者认为,适合教师专业发展的校本培训模式应该包括:案例教学、自主学习、反思教学、微格教学等方式。我认为,关键不在于培训方式,而在于校本化。关于校本化问题,我将在工作坊学习领域的第三个部分"校本研修"中集中来与大家讨论。总之,积极参加校本培训，也是促进专业发展的一种策略。

刚才，我所谈到的教师专业发展策略，主要是自我发展的策略。你们可能要问，自我发展策略有很多啊，比如拜特级教师为师，比如做课题研究，比如到大学深造等等，为什么你只讲参与课程开发和参加校本培训？是的，我没有罗列个体的发展策略，我喜欢将教师专业发展放在群体中，放在一个合作的共同体中去。我不排除会有教师通过自己个人的努力获得专业发展，但是我们这个工作坊是要培养大家成为一群人中的首席，而不是孤独的骨干。即便在我和大家谈反思性学习时，也会十分强调集体反思的作用。在我们这个工作坊，共同学习是我们自始至终的主旋律。

在学校作为共同体促进教师专业发展方面，其实是有不少策略的，只是这些策略未必与大家非常有关系，下面我只是略加介绍：

1. 评价模式改革。通过教师评价的改革来促进教师专业发展也是研究中的一个热点问题。有两种针对教师的评价方式，一种是奖惩性评价，还有一种是发展性评价。前者又被称为是绩效评价，是以奖惩为目的的评价，是要将教师分为"三六九等"的评价；发展性的教师评价模式，重激励而非重奖惩，强调教师参与评价，突出评价主体多元性，重视对教师实践性知识的评价。研究认为，以发展为主要取向而非以奖惩为主导的教师评价模式能够有效地促进教师专业发展的实现，因此，学校评价改革的目标即是要改掉传统的奖惩性评价模式。可是，前些年的绩效工资制度的推行，事实上使学校很难再建立发展性评价模式了，因为奖惩性评价与发展性评价是不可兼得的。

2. 管理方式变革。学校管理变革是另外一个教师专业发展的研究视角。有研究者提出，在同一所学校中，教师的发展水平是参差不齐的，学校应该针对这些不同发展层次的教师，采取有针对性的管理手段，以此促进教师有个性的专业发展。实施教育知识管理，也是教师专业发展途径研究中的一个热点问题。我认为，传统的"集权制"的管理在抑制教师的专业发展，从管理角度看，学校应该更多地通过分权和授权，为教师专业发展创造良好的生态环境。所谓分权就是要在行政权之外发展出"学术权"，使校长为代表的行政权无法干预以专业为核心的学术活动；所谓授权是指学校要将实施教育教学活动的决定权更多地授予一线教师，因为从效能角度看，谁最有权决策？最充分地掌握信息的个体或群体最应该拥有决定权。在学校，掌握学生学习方面的信息最真实、最充分的就是一线教师，因此教育教学方面的决策理应由他们做出。但是，"权力"毕竟代表着某种利益，分权和授权虽然有利于教师专业发展，但要在中小学得以实施依然很难，这不完全是由校长个人的权力欲望决定，更多的可能与倾向"集权"的教育大背景有关。

3. 专业发展学校。教师专业发展学校是学校在原有基础上的一种功能建设，其整体架构只是对学校原来架构功能进行的延伸与扩展，而不是将学校改造成实体的或者虚拟的教师进修学校。有研究者指出，构建教师专业发展学校的策略主要包括："建构学习型组织，开展行动研究，重建群体观念，发展学校特色，营造专业文化，建构新型教师专业生活方式，改革新型教师专业认定方式，创造教师专业发展的条件与环境等"。

4. 学校文化的创设。有研究者认为，对教师专业发展起到最大促进作用的是学习型组织的建设。有利于学习的学校文化氛围的创造和学习型组织的建设，是学校软环境建设的重要组成部分，我相信对促进教师专业发展确实有效，但是，不能过分夸大学校文化的重要性，而忽视了促进教师专业发展的具体策略和方法的研究。因为我不认为学校文化能脱离教育的文化和时代的文化而独立存在并发挥作用。至今为止，我所见到过的所谓学校文化，基本上都只是停留在纸面上的东西。

5. 现代科技的运用。有研究者指出，现代科技手段可以被用来促进教师专业发展的最终实现。另有研究者认为，博客是现代社会流行的交流方式，而使用博客也可以促进教师的专业发展，因为博客为教师专业发展搭建了一个很好的平台。对现代科技手段促进教师专业发展，我持谨慎乐观的态度，一会儿大家也可以发表你们的观点。

总之，教师专业发展是一个十分复杂的事，因此，可能不存在具体的某一种策略，不是只运用某种特定的策略就能获得专业发展的。因此，我们是不是可以确立一个基本的理念，那就是教师专业发展的实现需要内在动机和外部力量的共同努力，需要多种发展策略与途径的综合运用。

· · ·

问 您提出了两条教师自我发展的策略,我认为非常清晰,可是很多老师这样做了以后专业能力仍没有得到提高,原因可能有两方面,一方面是外部缺乏强而有力的专业指导,另一方面是个体内部缺乏有效的反思。我想先从内部向您请教,教师如何在参与课程开发和校本培训的过程中提高反思力?

答 你抓住了教师自我发展的一个关键性的能力,那就是教师的反思能力。其实反思是一种本能,当一个人遇到不顺利或挫败时,要么怨天尤人埋怨外部环境的不公,要么向内进行反思。一些人从来不会对自己进行反思,那是因为他们狂妄,以为自己很了不起,认为不顺利或者挫败的原因一定不在自己身上。如果遇到你教的学生不爱学习、学业成绩不佳等等之类的问题,你坚定地认为一定是学生自己的问题、家庭的问题和社会的问题,却从来不是教师的问题,你说这不是狂妄是什么?接着我们思考,到底是什么导致一部分教师狂妄而拒绝反思?我认为原因主要有二:一是无知,一个人无知的时候是很可怕的,那些目空一切的人常常知识贫乏甚至"弃智主义"倾向严重;二是无畏,一个人不知道敬畏,不知道这个世界上存在着一些伟大的力量,因此也就不知臣服于自然或者其他神圣的力量,他当然就会自以为是。我想教师的反思能力是他自己培养的,学校只能提供平台。反思是个体的内心活动,而不是某种具体的行为,学校虽然无法干涉,但应该创造有利于反思的条件。只要教师愿意常常反思,那么反思能力就会提高,因为人们会自己反思自己的反思能力的,而如果"无知"又"无畏",那就没有任何办法了。

问 我也曾经尝试开发过一门校本课程,那段经历令我难忘,的确如郑老师所言,那是让人受益匪浅的。但至今我仍清楚地记得开发和实施过程中遇到的许多困扰,尤其是自身知识的局限性,我们当时得到专业方面的帮助和支持很少。一线老师与课程开发之间究竟有多远?

答 我认为只要有专业指导，教师的课程开发能力会很快得到提升。教师到底能开发出多么了不起的校本课程，我认为那并不是第一位的，提高专业能力才是最重要的。通过参与校本课程开发，教师才能真正理解新课程的理念和目标，对如何安排学生的学习内容、学习方式和学生学习成果呈现等才会有切身的理解，这对国家课程有效实施无疑起到了积极的推动作用。我认为让教师参与校本课程开发，对其专业发展的作用是任何其他策略无法替代的。为此，学校一方面要延请课程开发方面的专家到学校进行专业指导之外，还要设法引进课程方面的本科生或研究生来当教师，在此基础上还可以成立课程指导委员会或课程管理部门。总之，课程是学校的全部技术的核心，在这方面倾注心力是值得的。

9. 专业标准

这节课的话题主要是"教师专业标准"。2012年2月教育部下发了《教师专业标准（试行）》，我们先着重来看这套标准所蕴含的四个理念。

第一个基本理念是"师德为先"。在我看来，没有一种特殊的"德"叫作"师德"的，有的只是体现人类普遍道德价值观的特殊的行业行为规范，比如说不得体罚学生、不得在学生面前抽烟、不得辱骂学生等等，都只是人类普遍适用的道德准则在教育行业内的具体化。任何职业都有三个道德层次，最低一层是义务感，第二层是责任感，第三层是使命感。其实无论义务感、责任感还是使命感，都表示个体的一种为他人和为社会"做些什么"的愿望，这三个词的区别在于：义务感是法律层面的，是外部要求的结果；责任感是良心层面的，是内心召唤的结果；使命感则是来自于"神"的启示，代表的是精神上的一种追求。所以，同样是尊重和爱护学生，有的教师是出于法律义务，有的是出于道德的责任，而有的是因为宗教情怀，虽然层次不同，但是尊重和爱护学生的道德行为规范则是没有什么区别的。

第二个基本理念是"学生为本"。我认为"学生为本"的理念，其核心思想就是要"成全"一个人，让人成为人而不是别的什么。为了更好地理解"人"，我们应将"人"与别的什么进行一些区分，这对我们正确理解人本思想是有益的。

我们首先要将"人"与"神"相区别，神是万能的，神是完美无缺的，而人却不同，人总是有缺点，有这样或那样的缺陷，很不完美。我们可以把人的缺点和缺陷称为"个性"，甚至说"个性"就是缺点和缺陷。比如说，某人勇敢，他的缺陷就是鲁莽，而某人特别能创新，则其天然的缺陷就是不踏实,当你一定要某人不再鲁莽,或者某人从此踏踏实实,那么他就不再勇敢,或者他从此不再创新。所以人本的思想不是要求我们对学生求全责备,不是要培养出一个个小"圣人",而是要培养生动活泼的、个性鲜明的、真实的和幸福的人。教育如果只是按照同一个尺度要求所有的人,却不顾及他们的个体差异性,那么教育就只能"塑造"出千千万万个平庸的人。在这里,我在"塑造"这个词上加了引号,是代表了我的一种态度,我的态度就是反对塑造,成全他们——成全他们的平凡,也成全他们的梦想。

其次,我们要将"人"与"机器"进行区分。人与机器的区别太大了,我看到的一个显著区别就是功能和潜能上的不同,机器只有功能。比方说一台投影仪,投影仪的功能是不会变的,是出厂的时候在说明书上写定的,绝不可能在使用过程中忽然又"长"出某项新的功能来;而人不同,人不仅有功能,还有潜能,而且其潜能是不可限量的。这就是说,作为教师绝不可以预测一个孩子的未来,既然孩子的未来有无限可能,那么你怎么可以宣告某某人将来一定不行或在某方面不行呢?所以,我们要对每个孩子抱有高期望。对每个孩子的高期望其实还只是从消极意义上说的,从更积极的方面来说,教师还应该能主动地去开发学生的潜能,并使潜能转化为"功能"。

第三,我们可以将"人"与"动物"进行比较,就会发现人其实是有意义的动物,而动物是不会赋予任何事物以意义的。举个例子吧,我家里养个宠物犬,我每天回到家就习惯把我的袜子往窗台那儿一扔,它就会一个箭步窜出去给我捡回来,再一扔它又捡回来,就这么不厌其烦地重复着同样的动作,几年如一日,它从来也不曾问过我:"兄弟你没事为什么要扔袜子玩?"我想它永远也不会问"为什么",因为捡袜子或者别的动作,对小狗来说都是出于动物的本能而不是因为有什么意义。可是人不同,人只有对自己认为有意义的事有兴趣和动机,凡事他都要问个"为什么",你不能说服他不能让他感到很有意义的话,他是不愿意行动的。一些领导习惯说"理解的要执行,不理解的也要执行"之类的话,实际上就是不把人当人来看。大家都知道在教学中讲"三维目标",而"三维目标"中的一维"情感、态度、价值观"就是人本论者贡献的。其意在于提供意义，也就是说为什么教学中要有"情感、态度、价值观"的目标，其目的就是要在知识学习的同时给出意义体系。

第三个理念是"能力为重"。"标准"在框架结构上分为三个维度：专业理念与师德、专业知识、专业能力，每个维度又分别设定了一些领域："专业理念与师德"维度有四个领域，"专业知识"维度有四个领域，"专业能力"维度有五个领域。在"标准"中，"专业能力"领域显然是一个最重要的维度，设定了教育教学设计、组织与实施、激励与评价、沟通与合作、反思与发展等五个领域。

我认为，在"标准"中强调教师专业能力的绝对重要性，那是非常正确的选择；而在专业能力中提出"沟通与合作"、"反思与发展"就更是两大不可多得的亮点。"沟通与合作"能力的设定有助于教师确立共同体意识，也有利于师生关系的调整和改善；"反思与发展"则强调了教师专业发展中反思能力和终生学习能力的重要性。

第四个理念是"终身学习"，要求教师具有终身学习与持续发展的意识和能力，做终身学习的典范。关于这一理念我不想多说了，大家都能理解。

在这个话题的最后，我还想与大家特别分享的就是"能力本位"的理念。我始终认为，教师专业发展要强调专业能力的提升，或者说，唯有能力是最体现教师"专业性"的。那么，教师专业能力的结构应该是什么，可能在这方面还是有些分歧的。

有研究者认为，教育教学能力是教师在教书育人过程中所必备的核心能力，主要包括教学认知能力、教学监控能力、教学操作能力；其他一些要素是外生的，主要包括教学个性、教师效能感、职业性向。

有研究者认为教师专业能力主要包括课程与教学的能力（一般课程能力、一般教学能力、学科教学能力），班级经营的能力，学生辅导的能力，教育环境的脉络与教育政策的认知能力，教学与评量的能力，课程的设计与选择能力等。

还有研究者认为教师的能力结构应该包括：教师的基本能力（通用知

识、人际关系能力、沟通能力、创造与批判思考的能力、问题解决的能力)、专门学科能力(学理知识、逻辑与因果关系以及新的研究发现与知识)、研究能力(了解各种研究方法与步骤，能于教学情境中拟订研究计划、实施研究、发现问题与探索解决方法，并将研究结果应用于改进教学与辅导中)等等。

我想大家未必被"标准"所局限，在教师专业能力上可以结合工作实际形成你们自己的理解。

好了，我要讲的内容就这些，下面请大家自由提问和发言。

· · ·

问 我们应该怎么看待新技术下的未来教育？传统的教师专业发展阶段理论在未来教育面前还有意义吗？

答 对于未来，我是一个不可知论者，我认为未来是不可预知的，就如同我们现在用微信进行非正式的学习，这在前些年是不可想象的。教师专业发展理论是对我们已知的过去的总结，至少至今为止这还是一个有解释力的理论，因此这个理论虽然代表着过去但依然可以指导未来。至于什么是更先进的教师专业发展阶段理论，我不知道，我们不能根据未知的未来构建一个确定的理论。

我认为教师的能力结构中思维能力非常的重要，未来的教育中还会有各种各样的新思想、新理念出现，但是只要思维方式改变了，就一定能应对未来的一切可能的变化。我认为教师的培训现在不是太少而是太多了，因为当教师培训只是将知识结论传递给教师，而不启发教师独立思考，不能容忍教师的异见，那么就不能培养出具备思维能力的教师。

10. 理性精神

有些教师并不想发展自己，他们本身缺乏发展自我的愿望，他们更甘于平庸也更得过且过。我所见过的学校中，相当一部分教师并不是积极求上进的一群人。我无法确定是否只是我们这个行当的人发展自身的愿望不强，因为我没有机会深入接触到别的行业，我不想过多地讨论导致这一状况的原因。总之，学校有相当多的教师不求发展，缺乏专业发展的动力。

所以，也许提专业发展对各位骨干教师更有意义。对大多数教师来说，亟待解决的其实是素养问题，因为素养是教师职业和教育专业的基础，是一切职业和一切专业的基础，甚至是一个人成为人的基础。下面我来和大家聊聊关于素养的问题。

什么是素养？简而言之，素养就是指一个人的素质和修养，是个人的才智、能力和内在涵养，是才干和道德力量的综合。素养很难定义和测定，无法如专业那样被"标准化"，但是你能感觉到素养的存在。有的人在你面前只要一开口说话，你就会觉得很不舒服，尽管你也说不出他哪里有问题，只会觉得有一种力量在把你往下拉，那么很可能你面前的那个人素养不高。

我认为，素养中存在着某种核心的要素，这个核心要素并不是具体的某种才能或品德，这个核心要素是理性和理性精神。当一个人建立了理性和理性精神，其才干和品德就会自我提升，素养水平就会越来越高。

什么是理性？给理性下个定义："人在正常思维状态下时，有自信与勇气地遇事不慌，且能够全面了解和总结并尽快地分析后，恰当地使用多种方案中的一种方案去操作或处理，达到事件需要的效果。"那么什么是正常思维？正常思维就是符合逻辑的、条理清晰、主题突出的思维。正是靠着这种思维活动，人才能"遇事不慌"，才能在"全面"分析之后作出最优的选择。

以上这个定义告诉我们，理性是一种基于正常的思维结果的行为，这种行为注重结果的有效性，反之就是"不理性的"和"非理性的"。

理性就是冷漠和刚性吗？不，理性的对立面是"不理性"和"非理性"，而不是情感。一个富有理性的人，恰恰更有希望成为一个情感丰富和有力量的人，因为他能将情感置于理性的控制之下。因而，理性实际上是人性中最有光泽的部分，也是人类所追求的一种境界，是对自身、对社会承担的一种使命。

理性的第一个对立面是"不理性"，我们将不理性称为"感性"，一个跟着感觉走的人无论如何不能说他是一个理性的人。不是仅凭感觉做事的人，在处理问题时才能按照事物发展的规律和自然进化原则来考虑，所以他们总会很冷静而不会过于冲动。

理性与求真是一致的，与无理取闹和盲目崇拜相对。你想要说服别人，那么你的论点必须要有具有说服力的论据的支撑，理性的人之所以能发现真理，不是因为他们的想象力使他们发表了多么了不起的观点，而在于他们善于为他们的观点寻找到具有说服力的论据。理性的人，总是通过符合逻辑的推理而不是依靠表象而获得结论，也不会将行动的理由建立在不可靠的感觉之上。

有的领导为了表达自己的决心经常说："有条件要上，没有条件创造条件也要上。"我认为会说出这句话代表着这些领导是不理性的，是蛮不讲理的表现，因此他们会被人认为素养不高。

我们要能区分"事实"和"看法"。所谓事实，就是大家普遍公认的知识；所谓看法，则是你个人的观点。正如我们的工作坊内，当我说"我认为"、"我觉得"的时候，表示我在发表观点；而当我说"研究表明"、"据统计"的时候，表示我在陈述事实。我们有两种方式可以说服他人，一种方式是表达观点和看法，还有一种方式就是陈述事实，用事实和数据来说话。

比如，学校要推行导学案，就要用到两种说服大家的办法：一是导学案可以促进学生学业成功，这是一个事实，如果确实是事实，那么只需拿出证据就行；二是你"认为"导学案可以促进学生学业成功，这是一个看法，那么你要花时间和精力来证明你的看法是正确的，而且你也要允许大家讨论，都来发表一下观点。

用理性的方式来推行导学案，应该遵守以下两项规则：

1. 定义清晰。你必须把什么是导学案说明白，否则怎么做到理性呢？一些人喜欢喊口号而不喜欢下定义，是因为喊口号更能赢得盲目的追随者。勒庞在《乌合之众》中所说："词语的威力与它们所唤醒的形象有关，同时又独立于它们的真实含义。最不明确的词语，有时反而影响最大。"例如，"以人为本"、"民主"、"社会主义"、"平等"等等，它们的含义极为模糊，即使一大堆专著也不足以确定它们的所指。然而这区区几个词语的确有着神奇的威力，它们似乎是解决一切问题的灵丹妙药。

2. 具明改革需要的条件。应该把实行导学案所需要的条件说明白，比如，是不是需要学生本身已经养成了课前预习的习惯？是不是需要相应的减少课后的作业量？

如果某人说话时总习惯于下断语，我们可以认为他是不理性的。比如："什么是教学，教学就是导学！""什么是素质教育，素质教育就是减负！""如果不实行导学案，学校就没有未来！"

如果某人说话总是重复，或者说些大话套话，那么我们基本上也可以认定他是不理性的。

当我们不再盲目跟风，不再犹豫不定，不再用哭闹来解决问题，而且我们在得失方面变得大度，我们学着尊重每个人，我们开始按自己的信念自信地生活，我们不被糟糕的情绪左右，那么，我们就是成熟的人，就是用理性统帅和驾驭了感性的人。

理性的第二个对立面是非理性。什么是非理性？非理性是在正常状态下的除艺术行为外的不正常行为，比如任性、失神经和无意识。任性，是指虽然思维正常，但不以正常思维结果行事的一种状态；失神经，是指因醉酒、吸毒等情况，致使大脑不能输出正常结果；无意识，是指大脑机理正常，但因反应速度相对迟钝，造成瞬时无结果输出，导致的"不加思考"的行为。关于非理性问题，在这里不作具体描述了。

总之,"理性"是作为"人文精神"的一个要素而存在的,构成了人的素养的核心。我希望我们这个工作坊的全体成员都能理性地思考问题和表达思想,使工作坊闪耀着理性的光泽!

· · ·

问 在课堂上面对学生突发的生成问题,我们应对的好坏被称为"教育机智",老师们对"教育机智"这个词一定都非常熟悉,可是对如何增强教育机智却不太明白。听了您的讲解后,我觉得教育机智的基础就是理性,有了理性我们在应对生成问题时才能合目标,才能少走弯路做到有效,您觉得我的理解对吗?请说说您的看法。

答 完全正确。"机智"大概就是我们平时所说的灵机一动,而灵机一动在一般人看来好像属于创新,而创新是非理性的作为,也就是说创新是无法训练的。人类其实有好多思维误区导致作为的偏差,关于机智或者创新是其中的典型例子。其实创新就是一种理性作为,首先创新是有目的的,一个人能创新那么这个人一定是在实践中摸索而不是关起门来遐想的,而且创新的结果又必须经得起实践的检验。我们用机智来描述人们创新时的一种状态,绝不是没有任何根由地拍脑袋,而是根植于实践又在实践中得到检验的那种"灵机一动",因而是理性行为。

问 不少教师缺乏专业发展内驱力,很多时候是因为缺乏对职业价值的理性思考,那么如何让老师愿意并习惯于这样的理性思考呢?

答 我认为理性思维和理性精神应该从小培养,不过现在也就只能先靠学校来给教师们补课了。学校应该将理性根植于学校文化之中,在学校里,每项工作都能说个"为什么",在管理上要以事实和数据说话,要实施民主管理,让大家都来讲道理,都有讲道理的机会。

我们这支教师队伍因为总体上缺乏理性,因而素养并不那么高,而培养理性确实需要时间,如果从理性思维开始慢慢训练,还是有希望的。总之,思维方式和行为方式优先,而后通过反思性学习来养成理性精神,这才是正途。

II. 因素分析

到底哪些因素在妨碍着教师专业发展？这是一个很有价值的话题，只有搞清楚了这些因素之后，才能提出改进的策略，也就是说，对影响教师专业发展因素进行分析，是寻求促进教师专业发展的前提。我想从内部和外部两个方面来分析。

先从教师内部来分析，也请大家反思，我说到的一些因素，在你们身上是否存在。

一是观念没有跟上。如果抱着狭隘的功利主义的教育观念，认为只要把学生的成绩抓上去就可以了，至于其他的都是不重要的，这样的观念会害了下一代。错误的观念导致教师不认为还有提高自己专业水平的必要。

二是专业不自信。用个新的术语来说就是"自我效能感"偏低。自我效能感可以影响一个人的行为动机，低效能感的人倾向于选择较容易的任务，遇到困难时容易放弃，在工作时常常怀疑自己的能力，常常设想失败带来的后果，这就会导致过重的心理压力和不良情绪反应，从而影响问题的解决。教师对自身的专业不够自信，缺乏对自我能力的肯定，显然妨碍了专业发展。

三是发展意识不强。一些教师并不认同教师职业的专业性，认为教育带有主观性和不确定性，依赖经验程度较大，理论根本没有什么用处，从而影响长远的专业发展。

四是专业基础薄弱。教师的知识结构较为单一，教学技能和理论素养较低，尤其是学习能力和反思能力不足，都是影响教师专业长久发展的因素。

下面我来分析一下外部因素，也请大家思考，一会儿我们要讨论。

首先是教师教育的问题。1986 年，美国卡内基教育和经济论坛工作小组、霍姆斯协会相继发表了《以 21 世纪的教师装备起来的国家》和《明天的教师》两个报告，报告批评了美国由于教师教育改革滞后阻碍了教师专业发展，使得教师在很大程度上失去了社会对他们的尊重。我想，我国的教师教育体制，无论职前还是职后教育，以及职前和职后的分离都对教师专业发展产生了消极的作用。

封闭的而又定向型培养模式下的糟糕的师范教育，总是滞后于现行的教育教学改革，培养出的学生不仅学术水平低，而且理论学习与实践严重分离。批评我国的师范教育不是我们工作坊的主要学习内容，在此先放过。

下面我们来看一下教师的在职培训，在职培训的问题也不少。首先各地的教师培训机构，如教师进修学校或师范院校的继续教育学院等，作为"垄断机构"，也就只能为教师教育提供极其低效的服务，培训方式依然主要依赖于知识传授，不太注重教师的全面发展和专业成长，培训的重心定位于理论学习而缺少情境性、操作性和生成性内容。培训机构大多是讲授者依据自身资源、能力水平以及研究旨趣来设置培训课程，而非结合教师自身情况及教育实践中存在的问题，忽视教师的实际需求。那种"粗放式"的培训使教师失去了学习的兴趣和动力，进而对培训产生厌烦甚至抵制的心理。

其次是教师管理的问题。在中小学，一般都采用"集权制"的管理模式，教师的教学内容、教学方式等，都要接受来自上级行政领导的指示与控制，教师的主动性、创造性和个性受到抑制；而量化评价和管理制度也捆绑了教师的"手脚"，漠视了教师专业的复杂性，对教师专业发展方向也进行了严格的制约。教师的一言一行，事事处处都有明确的规章和规范制度来加以约束，甚至教师的备课、教案、听课笔记、课堂教学、批改作业、早晚自习辅导都有明确规定，循规蹈矩而平庸的教师受到了鼓励。

第三是教师评价制度的问题。教师工作的复杂性及其劳动效果的模糊性、中介性和延缓性，都使教师评价成为教师管理过程中的一个难点。目前我国大部分教师评价制度仍然主要实行与奖惩挂钩的一种终结性评价。

奖惩性评价的目的在于控制而不是着眼于发展。1986年5月，美国卡内基教育和经济论坛"教育及专业"工作组在《国家为培养21世纪的教师作准备》的报告中，严厉指责了奖惩性评价制度："改善教学的职业环境将提高教师的教学成绩。然而，目前的奖励制度没有起到积极的作用。它不但没有奖励教师的成绩和高负荷，实际上反而使人泄气。"近年来，我国也在推行绩效工资，实施奖惩性评价，将教师工作的量化评价涉及教师日常工作的各个细小环节，分值划分具体而固定，缺乏弹性。使教师疲于应付，更加没有时间静下心来学习进修、反思和总结。

第四是教师文化的问题。目前，在教师文化中，存在着一种叫作"教师马赛克文化"的现象，教师们在日常工作和研讨活动中，貌似在合作，实际上却是相互竞争甚至相互诋毁的。教师之间其实很少真正地分享知识，他们是相互独立的，是"自给自足"的。

不良的教师文化其实是由不良的学校文化造成的，学校文化是隐性的、无形的，对学校全体教师的发展起到重要的作用。只有将学习型的文化渗透到学校文化中，才能真正影响到教师文化，改良教师文化。

我们这个工作坊也有文化，我们这十个人也会形成群体文化。那什么是我们所要的群体文化？我想应该是一种自然合作的文化，在这种文化中，文化是：

1. 自发的。合作并不是来自外部的刻意安排，而是我们这些人本身的需要。

2. 自愿的。合作不是行政限制和强迫的产物，而是我们共同价值信念的产物。

3. 发展取向的。我们在一起探讨和研究，不是为了做个课题搞个奖项挣个荣誉，我们只是为了成长。

4. 超越时空性。由于自然合作是自发、自愿的产物，所以它并不局限于某一活动或某一时间，在正规的非正规的各种工作任务和日常生活中，都可以体现自然合作。

今天的话题主要是教师专业发展的因素分析，就先讲到这里，下面自由发言。

. . .

问 我把专业共同体理解为一个有共同信念和目标的团体，它首先是建立在自觉自愿的基础上，在这样的团队中，大家相互协作，优势互补，是能够提高专业能力的。可是在妨碍教师专业发展的内部因素中，前三点（观念落后、专业不自信、发展意识不强）都是教师的意识问题，请问共同体能不能解决教师专业发展的意识问题？或者一个专业发展意识不强的教师能不能真正融入到专业共同体当中？

答 这个问题提得太好了！到底是先有信念和目标再有共同体，还是先有共同体再有信念和目标？我认为这取决于共同体的性质。如果一个团队只是一个"利益共同体"，那么这个共同体是无法培植共同信念和目标的，而如果是一个"命运共同体"，则情况就不同了。那么一个团队到底是"利益共同体"还是"命运共同体"，主要取决于什么？我认为取决于学校管理者和团队首席。如果我们不能改变将员工看作是干活的工具的观念的话，我们就不能使任何人的任何意识发生改变，反而还可能因为严重的人际冲突加固了原有的意识，使之变得根深蒂固。我始终相信，教师的信念、目标和意识，无论先进还是落后，在头脑中本来就有，作为管理者要去唤醒，而不是从外部灌输。

问 您对妨碍教师专业成长的外部因素进行了分析，我认为根本原因就是没有基于教育教学现实问题的解决，很多现行的培训和评价机制都呈现表面化倾向。专业共同体的组织方式和特性倒是可以很好地解决这个问题。可是，我身边的骨干教师或教师团队，对问题本质的思考能力也是有限的，在解决问题的过程中往往只能以现象对付现象，不能从根本上发现和解决问题，这可怎么办？

答 我坚持认为教师之所以缺乏发展动力，从外部找原因的话，主要就是生态环境制约了他们的发展，因此如果不能改变环境的话，其他一切再美妙的方式都不会有太好的效果。而生态取向的教师专业发展，强调教师专业共同体的建设，也就很符合逻辑了。可是，一个专业共同体，作为良好的环境，必须要有专业的引领，按你的话说，应该由有思考能力的教师来引领。我很赞同这一点，所以才把你们召集起来进行培训，希望你们能真正胜任首席的工作，由你们作种子。我认为，我们教师这支队伍缺乏思考能力，不是教师的错，我们不是一个有思考能力的民族，长期的教育和灌输，让人们只听从某种绝对真理而缺乏谈论和思想的自由，哪里还有什么思考能力？所以，我们任重而道远。

12. 高原现象

教师专业发展的动力强劲与否显然与需求有关，需求大则动力强。什么是需求？需求是指"由需要产生的要求"，而需要是指有机体的一种缺乏和不平衡状态，是导致有机体采取行为的基本动力。教师专业发展是一个持续不断的发展过程，在发展过程中随着发展状态的不同，不断地产生新的差距、缺乏和不平衡，不断地产生新的需求。

我非常关注各位专业发展的动力问题，当你们已经"功成名就"，已经发展到一定的程度，再往上则发展空间有限且需付出更多的努力，这时容易产生专业成长中的"高原现象"。

"高原现象"是教育心理学中的一个概念，指的是在学习或技能的形成过程中，练习的中后期往往出现进步的暂时停顿或者下降的现象。教师在专业成长过程中也存在着"高原现象"，处在"高原期"的教师，专业发展停滞不前，找不到前进的动力，于是会彷徨甚至放弃。

其实"高原反应"是由于错误、压力过大，有疲惫或厌倦感等消极因素造成的。当出现发展停滞等类似"高原现象"的问题时，大家应该积极调整情绪，保持清醒的头脑，根据自身的实际情况，找出产生"高原现象"的真正原因，有的放矢地加以解决。

高原期的教师更应该融入自己的团队中，教研组和年级组是教师经常活动的专业生活"小区"，"小区"里有着同事间直接的人际关系，良好的人际环境在一定程度上能缓解"高原期"的症状。一些学习是自主导向的，一些学习是任务导向的，还有一些学习是群体交互导向的，这三种基本的学习导向中，第三种方式是最愉悦的，也是我们这个工作坊倡导的。

在几乎所有的学校，青年教师的专业成长都会得到更多的关注，而大家逐渐步入中年，不仅关心你的人少了，而且有不少因素在妨碍中年教师的继续成长。因此，你的自主性就成为了你专业发展的决定性因素了。你的主动发展的意识、积极规划自我的能力显得尤为重要。

你以往的教育经验是一把双刃剑，它可能成为你专业发展的资源，也可能成为你继续成长的包袱。步入中年的教师，已形成了一整套适应应试教育的工作经验和习惯，因而容易产生思维定势和经验主义倾向。习惯于按过去的经验办事，成了中年教师专业发展的一大障碍。

在"高原期"，教师应重新认识自我以及认识生命的意义，要对自己进行"生命的关怀"。康德的"人永远是目的而不是手段"这一哲学思想曾经深深地触动了我，他说："人作为自在目的，意味着人在任何时候都是自律和自主的。因为如果他不是自主的，那么，就意味着他是被迫使的，他就不是目的而是实现其他目的的手段。"

我坚信，在座各位的专业发展，不是为了实现某种外部的需要，也不是为了被其他人认可，更不是为了评职称加工资，发展本身就是目的而不是手段。

教师专业发展应该关注什么？我想应该是生命，是你们自己的生命。也就是说，教师专业发展不仅仅应该是一种关注教师专业知识和教学能力提升的过程和活动，而且应该是以教师的生命发展为最终目的。只有这样，人才是目的，而不是手段。

教育不就是为了人的生命质量的提高而进行的社会活动吗？教育本身就是教师生命的存在方式，是教师实现自身生命的意义和价值的过程。如果教师的生命之花枯萎了，生命之火熄灭了，那么，教育的生命也就终结了。

我们可以把学术界有关教师专业发展的理论归结为三种取向：理智取向的教师专业发展、实践—反思取向的教师专业发展和生态取向的教师专业发展。

首先是理智取向。这种取向的教师专业发展，主要就是向专家学习某一学科的学科知识和教育知识。正规的培训，不管是职前的还是在职的，大多采取理智取向的教师专业发展策略。

第二是实践—反思取向。支持教师专业发展的实践—反思取向的学者阵容庞大，就他们对教师专业发展的态度而言，有两个共同的特点：一是对实践的关注，二是都主张以这样那样的方式促进教师的反思。实践—反思取向的教师专业发展，主要目的并不在于外在的技术性知识获取，而在于通过这种或者那种形式的反思，促使教师对自己、自己的专业活动及相关的事物有更为深入的理解，发现其中的意义，以促成所谓"反思性实践"为追求。我也是实践—反思取向的教师专业发展论者，相关内容我们也将进行专题讨论。在实践—反思取向中，教师专业发展带有更多主动探究的成分，算是一种探究性的教师专业发展。教师对于影响其专业活动的知识、理解或信念，不是通过（从外面专家）"获得"，而主要依赖于教师个人或者合作的"发现"。

第三是生态取向。比较理智取向和实践—反思取向而言，生态取向对于教师专业发展采取更为宏观的视角，其常用的术语是"文化"、"社群"、"合作"、"背景"。生态取向的教师专业发展，最理想的方式，是一种合作的发展方式，即由小组的教师相互合作，确定自己的发展方式。因此，主要的注意力不是学习某些学科知识或者教育知识，也不是个别教师的反思，而是构建一种合作的教师文化。

这三种取向的教师专业发展本身没有对错之分，而是看适不适合。我认为生态取向的教师专业发展最适合各位走向卓越的教师，因为这种取向说到底就是生命的取向。

我希望大家在接下来的提问和讨论中多谈谈自己的生命感悟。

· · · ·

问 你所提出的"人才是目的"的理念也深深地触动了我，站在教师的立场上，这个理念非常吸引人。如果我们能理解"学生的发展才是目的"，我们的工作会增添多少乐趣；我们的生命和学生的生命在共同成长的过程中交相辉映，该是件多么幸福和有趣的事。所以，您说的不论是"高原反应"还是"职业倦怠"，都是因为我们始终都在操练作为教师的基本技能，也就是"教书"的技能，始终没有到富勒理论中所说的第四个阶段，也就是"关注学生"的阶段。一旦我们进入了第四个阶段，生命的鲜活一定会让我们充满激情和创造力，这个时候我们也一定会以生命的（自我的和学生的）发展为目的，而不是将教书当作谋生的手段。您觉得我的理解对吗？

答　是的。因此，教师专业发展的目标不仅是教师的知识与技能，更重要的是他们的情感、态度和价值观。从教师专业发展的目的上看，教师的作为人的发展才是目的，这就是要把教师发展与学生发展一致起来，最终达到学校、教师、学生的全体成功。

问　对于康德的"人是目的而不是手段"的观点有点费解，您的表述和其他读者的表述有些不同，有人这样概括康德的观点，"你要这样行动，永远都把你人格中的人性以及每个他人的人格中的人性同时用作目的，而绝不只是用作手段"，好像没有绝对排除"人是手段"。那么，一种合作的教师文化是否可以理解为我们在发展、提升自己的生命价值的同时，自身的发展也是其他人发展的手段？

答　康德说，人就是人，而不是达到其他任何目的的工具。这是康德的伦理学中三个绝对律令所引出的命题，是要告诉我们，在任何情况下都不要牺牲人性，牺牲人的价值，哪怕为了所谓的崇高目的。我们没有理由为了所谓伟大的教育事业而牺牲教师的人性与价值，也不要为了孩子而牺牲教师的人性和价值，教师不应该成为孩子们幸福的一种工具。这里，强调的是我们不能强迫任何人牺牲人性和价值。至于教师，他的价值就是造福学生并愿意牺牲自己的利益，那么也要对他们的这一价值表示尊重。总之我们无权强制，否则，人性就会被各种各样五花八门的所谓崇高的目的践踏。

问　在实际生活中，您认为我们可能做到不考虑外部需要、不考虑别人对我们的态度，以发展为目的，为了发展而发展吗？

答　一个理想的社会应该是能满足人的发展需要的社会。但是，毕竟我们处在"初级阶段",受到各种条件的限制,所以有时候不得不兼顾外部需要。但是我始终相信,随着社会文明进步,人的发展需要将成为唯一重要的需要。在现实生活中,我们常常要学会妥协,这也是没办法的事,不过千万不能牺牲大原则,更不能失去人性中那些最美好的东西,为了守护这些美好的东西,人可以"玉碎"。那么,各位,你绝不妥协的是什么呢?

13. 随机学习

生态取向的教师专业发展主张更多地采用非正式学习，就是我主张大家做的"随机学习"，通过交往、理解与对话，达到对教师发展的本质把握。

教师的成长具有高度的个人生活史特性，你的个人生活史与你的专业发展息息相关。生活史不仅能促进自我反思，而且会激起自我成长的职业承诺与动力。个人生活史中某些"重要事件"能刺激新的行为与新认知的形成。这些重要事件的发生可能来自外在的社会事件，也可能是来自教师专业发展上关键阶段的经验。

长期以来，教师专业能力的提高主要通过正式学习的形式。正式学习发生于那些有组织和结构化的情景中（如正规教育、组织内部培训等），它是被设计的学习，通过学习会得到一个正式的认证（文凭、证书）。因为正式学习通常发生在有组织、结构化的环境下，其学习内容和过程由教育机构决定，所以学习的内容、途径和形式多是考虑教育部门和学校发展的需要，而不是教师的需要。这种"培训式学习"因为远离教学实践而不利于发挥教师学习的主动性和积极性，尤其对优秀教师来说，这种学习的效果不很理想。

与正式学习相反，非正式学习是由学习者自主产生、自己控制的，是通过自我指导或非教学性质的社会交往来获取新知的学习活动。个体从日常经验、教育影响或者其周围环境资源来获得态度、价值、技能、知识等，这些资源包括家庭、邻居、同事和朋友，来自工作、娱乐、商店、图书馆或大众媒体。非正式学习的最典型的特征是它不发文凭，它不以获得证书、文凭为目的，而以解决实践问题、提高能力和丰富知识为目的，但在许多情况下，它也是无意识的、偶发的或随机的。

为什么对各位来说，非正式学习甚至比正式学习还要重要呢？因为我们事实上所学到的东西，特别是那些真正重要的东西并不是来自正规的课堂。有研究发现，教师的专业学习中大多是非正式的而不是正式的，是合作的而不是独立的；人们在工作中用到的知识有 70% 是来自与同事非正式的交流获取的。

传统的客观主义知识观认为："凡是知道的就一定能言说，不能说出来的就不是真正的知道"；"真正的知识应是明确的、客观的、超然的、非个体的"。1958 年，英国科学家兼哲学家迈克尔·波兰尼在其代表作《个人知识》中首次提出了"缄默知识"的概念，从而挑战了这一观念。

波兰尼的缄默知识理论的核心观点是"我们所知道的多于我们能够言说的"，认为人类的知识有两种：显性知识和缄默知识。显性知识是指能言传的、可以用文字等来表述的知识；而缄默知识则是指不能言传的、不能系统表述的那部分知识。缄默知识常常是不能通过语言、文字或符号进行逻辑说明的，只能在行动中展现、被觉察到和感觉到，只有在一定的情景中才能被激活。

教师的教学就是一个存在着大量缄默知识的专业领域，教学的艺术性正是体现了教学过程中存在大量的尚未规范化和未显性化的知识的运用。教师职业所需要的各种专业知识中，大量的都是情景化的知识，这些知识很难归类和格式化，也无法通过正式学习进行传递。那些缄默知识的习得，主要依赖于教师在实践中的理解和领悟，而这正是属于非正式学习的领域。

我们讨论非正式学习主要包括两类：一是独立学习，二是教师群体间交互的学习。属于独立学习的非正式学习方式主要有自我反思、阅读专业文献、上网搜集资料、阅读报纸杂志、收听或观看媒体节目、参观或观察学习等；属于群体间交互的非正式学习方式包括与同事（网络中的同事）交流探讨、向他人请教咨询、与学生交流、参与非正式团体组织的教学研究活动、互相观摩学习以及阅读与工作相关的博客，到教育论坛上发帖、跟帖等。

我认为，非正式学习得以展开，最重要的一个条件就是人与人之间的信任关系。在学校中，教师之间的信任度不高，会影响非正式学习的发生和效果；此外，群体的学习氛围必须是开放的，只有在开放的氛围中人们才更愿意尝试和容忍冒险。

我们的工作坊也是非正式学习的一种，被称为是"社群学习"，工作坊的有效性也取决于我们内部成员之间的信任关系。让有共同兴趣和爱好的一群人围绕感兴趣的话题进行讨论，分享对方的观点，对新的话题和想法进行讨论，这种学习方式就是社群学习，也就是我们正在实行的首席教师工作坊。

下面，"随机学习"开始。

· · ·

问 教师的专业发展和认识水平、思维能力的提高息息相关，而这些能力的提高是要通过非正式的终身学习来实现的。在个体的非正式学习中，阅读是一个很好的方式，可是很多老师读的书多，却并没有转换成能力，您能说说您是怎样阅读的吗？

答 阅读是一种艰辛的劳动，而现在电视、网络的出现，让文字阅读显得有些"另类"了。可是浅阅读终归在提供娱乐方面有优势，而在深入系统思考方面有欠缺，所以我将阅读看作是"主菜"。为什么真正的阅读是艰辛的劳动？那是因为你要记忆要理解，要运用和反思，当然很辛苦。为什么很多人只要手里捧着书就要睡着，就是这个缘故，相信你们都是有体会的。

问 教师共同体在形成的过程中，由于目标的效能不足，会出现一些比较松散的局面，这个情况如何避免？或者随机学习本来就是在松散的情况下进行的，这样有利于缄默知识的形成？

答 随机学习是形散而神不散，表面上看很松散，可实际上真正的学习正在发生。那些统一内容、统一进度、统一答案，甚至统一姿势的学习，虽然表面上是在学习，可只是表面而已，我们见过的形形色色的表面，难道还少吗？

问 教师的工作特性决定了对知识的理解不是"记忆"而是"实践"，也就是黑格尔说的"熟知并非真知"，只有实践了有感悟了才是真知，所以我想提一个关于"知"和"行"的问题：您认为教师的随机学习是先知后行，先行后知，还是知行一体？

答 我认为"知与行"是和"鸡与蛋"相类似的问题，因为知行问题是个哲学问题，而不是现实问题，即使在哲学上有了定论也不会影响人们的实际生活，就如同辩证统一，在现实中是没有太大的意义的。因此，教育发展实际上就是一条从哲学脱胎出来的道理，让科学更多些话语权，对教育才是真正有益的。正如我们正在讨论的教师专业发展问题，我们讨论到现在，主要还是在科学而不是哲学的框架内。

14. 自我认同

教师专业发展光有动力还不够，还要有发展的目标和策略。我建议在座各位要给自己制订一份至少能管未来五年的"个人专业发展计划"。大家不要认为写个人发展计划只是为了谋划自己的未来，不全是，写发展计划更重要的是要去发现自我，是一个对自我的再认识和再发现的过程，撰写的过程就是一个自我认同的过程。

自我认同的目的在于确立教师自己的"身份"，找到自己的"归属"，从而达到对"我是谁"的确认。如果无法找到自己的归属，可以被称之为"认同危机"。我们有不少非常优秀的老师，发展到了一定的阶段后，之所以停止了成长的进步，往往是因为陷入了迷茫之中，似乎有一些强大而不稳定的力量，改变了以前生活中获得的自我身份感、价值感和归属感，使得他不知所措起来。自我认同危机也是个体对自我的不确定性的一种疑虑和焦虑，是自我价值感的衰落、自我身份感的丧失与自我归属感的迷失。

我们身处在一个特别容易迷失自我的时代，社会环境与学校情境不断地在发生变化，人们的生活和工作中充满了冲突与不确定性，"社会性自我"与"个体自我"之间缺乏有效的沟通与协商，在日益加剧的种种冲突中，人的自我认同危机不可避免。因此，大家要趁着做个人计划的机会，对自我做一番反思性理解，来达到对"我是谁"的确认。

首先是专业发展中"专业价值"、"身份"与"角色"的自我认同。

教师的"专业价值"包括社会价值和主体价值两个基本方面。教师的社会价值是指对于社会、对于服务对象等的外在价值；主体价值是指对于教师自身的意义与内在价值，包括：实用价值、精神价值和生命价值等。

社会和学校更多地重视教师的社会价值,而我希望你们的"反思性理解"主要侧重于主体价值,也就是要清楚地回答,我"为什么活着",我"为什么来当教师","什么才是最有意义的事"等等这些问题,在这些问题上不要轻易放过自己。

教师的"身份"到底是什么?这个问题显然与上一个问题"专业价值"有关。社会与学校在定义教师身份的时候会关注到教师社会价值层面的东西,而你们则要多从内在价值出发来找寻与确认"我是谁",而不是"我被要求成为谁"。

教师"角色"是什么?教师角色主要指教师所具有的与其社会地位、社会身份相联系的被期望行为。长期以来,教师的专业角色大多是由外部所赋予的,教师只是在扮演不属于他的角色而已;因为要扮演角色,所以教师的真实自我可能被掩盖了,甚至造成角色冲突和角色混乱。所以,你要回答"那个真实的我是谁"。

我希望你在个人发展计划中,要回答"理想的我"与"现实的我"。专业发展需要受"理想的我"的指引,但千万不能回避"现实的我"。"理想的我"是你"想成为的自我","现实的我"是专业发展的当下状态。我们需要不断地反思"理想的我"与"现实的我",促进"理想的我"与"现实的我"之间的对话与协商。

其次是教师专业发展的内部动力系统的自我认同。

教师的需要、兴趣、价值观、信念等个性特征共同构成了教师内在的发展动力。你要问自己:

1. 我的发展动力是积极的、正向的吗?

"积极的"和"正向的"是指:感受到专业的意义,成功地扮演着专业角色,工作很有乐趣,对改革充满期待等等。我希望你们每个人的发展动力都是积极的和正向的,因为它是教师专业发展的理想状态,也是教师专业发展中自我认同的理想结果。

2. 我的发展动力是积极的、负向的吗?

如果你总是对自身专业感到无奈,对自身的发展不满,甚至有一种负罪感,这表示外在对你的要求与你内在自我不协调,而造成一种工作压力源。

3. 我的发展动力是消极的、正向的吗？

如果你感觉工作毫无意义，你的专业身份迷失了，而且缺乏对教师群体或学校的归属感，教学的热情被那些麻烦事日益耗尽了，那么，你专业发展的脚步已经停歇。

4. 我的发展动力是消极的、负向的吗？

它其实是教师专业发展的阻力源，你完全丧失了工作动力与热情，甚至会导致职业伦理的缺失。

我认为，今天的内容对各位老师来说非常的重要，我希望你们能避免认同危机，因为在认同危机之下，就会显现出一种严重的无方向感，从而导致个人发展的定向偏差，成了"迷途的羔羊"。

看来我们不仅相互之间要对话，我们可能还应该积极地与自我对话，通过与自己的对话，倾听自己心底里真实的声音；还要与自己协商，商议自己未来的走向。

· · ·

问 您觉得写"个人专业发展计划"，是要从内涵上规划自己专业研究的方向，还是从外部角色上确定自己该成为一个什么样的人？比如学科带头人或优秀班主任等。我们的领导好像都希望我们进行内涵发展上的规划，比较直白的角色定位经常会遭到领导和同行的不待见，您觉得呢？

答 按理说外部评价应该能反映一个教师的真实的水准，但是因为众所周知的原因，外部作出的评价常常是有偏差的，所以你们领导让你们注重内涵是非常正确的。与其"浪得虚名"，不如实实在在求得自身真正的成长。可是，并不是每个人都耐得住寂寞，因为外部评价总是与利益捆绑在一起，所以特别容易让人迷失自我。

问 在您的报告中多次提到生命价值、内在价值，作为教师应如何理解教师身份的内在价值？

答 我想教师首先是人，然后才是教师。作为一个人，就要经常思考自己的生命价值问题，否则怎么可能给他人、给学生以精神的指引呢？我不认为教师有什么特别的"生命价值"，因为教师只是某个"人"所扮演的社会角色而已。

15. 个人理论

你们要努力成为教育家。大家不要一听到"教育家"就觉得太高了太神圣了,各位都可以成为教育家。对什么是教育家似乎还有很大的争论,我想我们完全不必将教育家神话了,在教育实践活动中能有独到见解和独特做法的就是教育家。

我郑杰就是教育家啊,我当校长的时候将"全面质量管理思想"引入学校,当时有很大争议,但是我坚持下来了,而且取得了成效,为什么我不是教育家呢?光凭这一条我就是教育家。我记得那时在学校推动了大大小小十一项改革,有些成功有些失败,这些改革看似各不相关,其实是有核心概念的,核心概念就是"正义",我的梦想是"让学校成为一个正义可以得到实现的地方",我怎么就不是教育家?

你可能要说,我们还很不够,还有很多东西都不懂不会。我的观点是,知识是永远也学不完的,而且不是所有的知识在实践中都能发挥作用。你以前在师范大学里学到的知识,到底有多少在用的?你平时参加了那么多的培训活动,听了那么多场专家报告,又有多少被你运用到实践中的?你又见过多少专门搞教学理论研究的人,能上好普普通通的一堂课的呢?

我们学了那么多,记了那么多,却没有在实践中产生预期的效果,是因为知识不是外在于我们而独立存在的,只有当外在的理论被我们所感悟、理解和内化,并转化为"自我的概念"时,才是真正的知识,也才能有效地指导教师的教学实践。

有研究者提出,教师专业发展的主要目的是促进教师对自己教育学框架的充分理解,而不是简单地吸收官方的和法定的理论。这就有必要提出

"个人理论"这个概念了。

严格地说,教师个人理论应称为"教师个人关于教育的实践理论",就是教师个人所持有的教育观念,包括教育目的、教与学、学生、学科、自己的角色和责任等的观念,因为是个体所持有的教育观念,因此更凸显其个别性和实践性。

个人理论与所谓宏大理论相比,显然属于"小理论",但是正是教师个体的小理论才更具体地落实到真实的个人,落实到每天都在进行着的、真正发生的教育过程中。这就是说,教师的"个人理论"比教科书上的或者专家所表述的那些理论,对实践产生更大的影响。

各位听我讲了不少课了,可是对我所讲的知识与理论,你们都要自己去建构,形成你的个人理论,这些个人理论都带有你自己的个人经验与个性化的诠释成分。离开工作坊之后,你回到了你的教学实践和社会生活中,这时指导你的早已不是我所讲授的知识和理论,而是你自己建构起来的知识和理论。事实上,你对教学事实的认识和对教学问题的理解都是从你所认为的理想教学的角度出发,以自己的努力并按照自己认为最合适的方式行事。你在采取行动的时候,并非不假思索、机械地执行任务或随意而为,你总是受到你自己的某种内在解释性框架的指引,这种内在的解释性框架便是你的个人理论。

因为个人理论与你的认识、工作、生活息息相关,对你成为一个真正的首席教师和教育家十分重要,所以我一定要在我们工作坊的第一个学习领域的最后阶段提出这个问题,并希望大家关注到这个问题。一个教育家,一定是形成了鲜明的个人理论的人,也就是说,他就是一个对教育提出了自己的解释性框架并指引自己行为的人。所以,各位的成长,其实就是将传统意义的书本、教材上的公共知识和公共理论,经由个人实践、研究、反思、感悟和内化,并最终转化为你个人对教学的认识和观念,以及在教学实践中信奉和遵循的准则。

我有时候在想,现在针对教师的各种各样的五花八门的培训活动很多,一些教师学得越多就越不知道该怎么做了,反而将头脑搞成各家理论和学说的"跑马场"、"中药铺",却失去了宝贵的创新力和行动力。大家都是优秀教师,千万不要盲从,不要总是带着笔不停地记,你们的成长不再是外在的和被规定的,你们完全有能力向自己学,要将自己的教学生活内在经验和外在的知识理论进行整合,主动与外来知识进行对话,早日形成富有个性的个人理论。

一个不能全身心投入日常教学实践的人,最多只能积累起公共知识和公共理论,而无法形成个人理论,所以大学有些教育研究者多半进不了课堂教不了学生,公共知识和理论如果不能内化为个人理论就无法有效地指导实践。只有教学实践,因其生动、丰富,才蕴涵着理论创生的可能性。

但是,并不是每个教育实践者都能形成个人理论,因为只有对自己经验进行提升,使感性认识上升到理论认识,生成自己的教学理论,才能有个人理论的诞生。如果仅凭着直觉和不完全推理,在实践中自主摸索并总结当下的教学究竟应该怎样开展,也是无法生成个人理论的。

有了个人理论,才能形成你的教学风格,而形成教学风格是个人理论在实践运用中的最高境界。这时,一个真正的教育家已经呼之欲出了。

. . .

问 在工作中我们发现抓住某一概念和理论的要素,能够很好地引领实践。如果想形成个人理论,那么您认为个人理论的特征要素是什么?除了您提到的个体性、实践性,还有其他特征吗?

答 相对于公共理论,个人理论的"个人性"是其最显著的特征。事实上每个人对事物的看法都是个人化的,因为人总是在自己的经验基础上建构知识,所不同的是,个人理论比一般的个人化知识更有条理,组织得更好,也更规范,更能自圆其说。与公共理论相比,个人理论因为太过于个人化,所以输出较为困难,也就是说个人理论很难被他人理解。不过要是其他人都能理解了,也就变成公共理论了。

问 请您客观分析一下在现在的大环境中促进教师个人理论形成的因素有哪些?阻碍其形成的困难又有哪些?

答 首先是思考,独立思考,如果总是人云亦云,盲从权威之说,不能将公共理论联系到自己的工作实际，那就不会形成个人理论。我个人的体会是，一定要将自己学习的公共理论用自己的话说出来，我认为表达就是一种学习，就是在构建自己的"公共理论"。

问 非常赞同郑老师提出的个人理论是个人教学风格的重要基础。回顾前面学习的"非正式学习"等内容，显而易见，郑老师对学习的自主性、个性化非常重视。个人理论是由不断地自主学习和大量实践反思渐渐构架起来的。其中最要紧的着力点，重要的元素是什么？

答 我个人的体会是"表达"，通过写作和言说不断地使自己的思想条理化和规范化，最终成为理论。个人理论是以科学为基础而不是以艺术为基础的，因而是可靠和稳定的。

16. 特级教师

在教育界乃至教育界之外，特级教师已经成为一种符号，代表着教育从业者的最高专业成就和荣光。显然，业内外人士普遍认同，特级教师是教师专业发展的最高阶段，是教师中的典范和专业发展目标。无论在哪个场合，只要介绍说某人是特级教师，一定会引发周围人的钦羡。

成为特级教师，为什么不？

特级教师是我们中国本土的"特产"，在国外，能与"特级教师"等价的概念大概只有"专家型教师"这一称谓了。斯腾伯格把专家型教师定义为"具有教学专长的教师"。而德耶夫斯把教学专长划分为五个阶段：新手阶段、高手阶段、胜任阶段、熟练阶段和专家阶段。那么，专家型教师或者特级教师有哪些特征呢？

李光文在《谈专家型教师的素质及培养》一文中认为，专家型教师的课时计划、课堂教学和课后评价与一般教师有着明显不同：

专家型教师的课时计划简洁而灵活，以学生为中心并具有预见性。在备课时，专家型教师会在头脑中形成包括教学目标在内的课堂教学表象和心理表征，表现出一定的灵活性和预见性。而一般的教师则比较关注课时计划细节，关心如何完成课时计划而很少考虑课堂情境的变化和学生的需要，是一种比较简单、比较孤立的课时计划。在课堂教学过程中，专家型教师能够明确制定和执行课堂教学规则，有一套有效地吸引学生注意力的方法，能灵活运用多种教学策略。而一般教师的课堂教学规则较为含糊且不能坚持执行下去，常常缺乏或者不会运用教学策略。在课后评价上，专家型教师关心学生对新材料的理解情况和他认为课堂中值得注意的活动。而一般教师更多地关注课堂中发生的细节，关心自己的课堂表现和教学是否成功。

斯腾伯格等人的研究认为，在专业知识方面，专家型教师能将更多的知识运用于问题解决中，并且比新手更有效。专家型教师不仅在知识的量上多于教师新手，而且在知识的记忆组织方式上也优于新手；专家型教师解决问题的效率比新手更高。专家型教师依靠广泛的经验，能迅速完成多项活动，而且他们的自动化程度很高，很少或不需要意识控制，因而解决高水平问题的速度更快；专家型教师在解决问题时富有洞察力，能够鉴别出有助于问题解决的信息，并有效地将这些信息联系起来，因而总能够对教学中的问题作出新颖而恰当的解答；专家型教师在教学活动中富有创造力，他们对学生的需要更敏感，也更能满足学生的个别需要，能时刻记住课堂教学的主要目标，采用灵活而适当的教学策略，帮助学生克服理解中的难点，顺利完成教学目标。

刚才我与大家分享了国内外对专家型教师的一些研究成果，如果将特级教师等同于专家型教师的话，相信以上内容会对大家有启发。

不过，特级教师和专家型教师这两个概念在严格意义上还是不能完全等价的。在我国的《特级教师评选规定》中指出，特级教师是师德的表率、育人的模范、教学的专家；而在以美国学者斯腾伯格为代表的关于专家型教师的论述中只涉及教师教学专长原型观，不包括"德"和"育"。可见，中国的特级教师内涵比国外要丰富一些，是受了优秀教师必须集"人师"和"学师"于一体的传统文化的影响。

有个词可能与特级教师更接近，那就是"名师"。可是无论是特级教师还是名师，在一所学校乃至在一定区域范围内，他们在促进其他教师的专业发展中的作用巨大。

1. 减压作用。有特级教师和名师在场，给其他教师一种安全感和依靠感，从而减轻了他们各方面压力。这正如一支球队，因为球星上场，球员们的士气就起来了。

2. 榜样作用。特级教师和名师良好的道德素养、精湛的教学技能、崇高的个人品格都会给人留下深刻的印象，成为其他教师今后专业发展的一种方向。

3. 引领作用。对一般教师来说，其特有的教育理念难以一时形成，这就需要特级教师和名师将自己所认同并坚持的教育理念传递给他们。

4. 督促作用。教师的专业发展是一种非线性的发展方式，发展过程中势必既有高潮，也有低谷，一般教师往往会产生一种专业发展的惰性，在这样的情况下，名师督促和鼓励非常重要。

5. 提点作用。一般教师在专业发展过程中可能随时会产生新的问题与烦恼，需要有人提点，而特级教师和名师因为应对和处理问题的能力已经得到了全面的历练与提升，于是给出的提点与帮助就很有效。

好了，我们第一个领域的学习即将结束了，这一系列的话题是希望大家成为专业发展的表率，最终能在学校整体的教师专业发展中发挥更大的作用。

. . .

问 我们身边的很多特级教师，被评为"特级"之后，反而没有灵性了，对于这样的现象您怎么看？

答 一些教师评上了"特级"之后，不再挑战自我，不再冒险做新的尝试，可能是因为他们的年龄——年龄与创造力有关；也有可能是怕面对失败，因为探索可能会失败，而他们失败的成本比一般教师更大。不过我认为特级教师未必都是有灵气的，灵气代表着一个人的创造力，在目前的职称评定中，显示过人的创造力会引发争议。缺乏创造的灵动之气，是教师的通病，而不是特级教师才有的"病"。

问 从您的角度看，我国现在对特级教师的认定条件上哪些是应该坚持的，哪些是可能影响到一些有潜质的老师导致其没法脱颖而出的？

答 我没有调查过，凭我在上海教育界的经历和我的直觉，一些有潜质的教师之所以没有被评上特级教师的主要原因是没有形成个人理论，无法清晰地描述自己的教育观念和教育实践，因而无法让人确信他的才干。

此外，很有创造力的人，会有争议，因此将四平八稳的人评上去，是最稳妥的。我就不说评定过程中的猫腻了，在这个大气候下，有点猫腻并不奇怪，所以有能力的人未必能脱颖而出。因此，我希望你们成为专家型教师。

中编

团队建设中的首席

1. 何为团队

接下来，我们要学习团队方面的知识，作为首席教师，如何建设高效能的团队，是这个部分的主要内容。

在中小学校，有教研组和年级组这样的基层组织，但它们还不能被称为团队。什么是团队？团队是由两个或者两个以上的人组成，通过人们彼此之间的相互影响、相互作用，在行为上有共同规范，介于学校与个人之间的一种组织形态。团队成员为了共同的目标走到一起，他们遵守共同的规范，分担责任和义务，为实现共同目标而努力。

从以上对团队的定义中，我们可以知道，团队一定是"组"，而组不一定能成为"团队"，我们工作坊这个阶段的学习任务就是要了解如何将"组"转化为"团队"的知识。

"团队"与一般意义上的"组"有四个区别：一是目标，团队有共同目标，团队成员为共同目标而努力；二是合作，团队成员能合作，形成相互依赖的关系；三是责任，团队成员遵守共同的规范，并分担团队责任，团队成员荣辱与共；四是技能，团队成员各有所长，因此能形成互补关系。一般意义上的"组"相对于"团队"来说效能偏低，其主要原因就在于组内成员目标不一致，相互之间不能合作和分享，不能形成共同规范也不能分担责任。

你们要将一个"组"建设成为一个"团队"，主要是考虑五个方面的问题：一是团队目标有没有具体化？二是团队对谁负责？三是团队要完成哪些工作任务，这些任务都分派给谁？四是每个成员都有哪些技能、学识、经验和才干？五是团队成员的行为是否符合团队的要求？

有三种团队，大家看看到底哪一种是真正的团队：

1. 野牛团队。团队成员个个身强力壮，但是他们都没有集体意识，他们各自为政，个人主义思想严重，于是他们敌不过弱小十倍的狼。

2. 螃蟹团队。螃蟹们被抓到竹篓之后，其中一只奋力往上爬，而其他的都在扯它的后腿，结果谁也上不了。

3. 飞雁团队。在飞行时呈"人"字形，前面的大雁为后面的创造有利的上升气流，整个队伍的飞行效率提升了70%。

我想，不用多加比较我们就能得出结论，真正的团队应该如同飞雁，所以说一个团队或者一所学校成功的关键，是看有没有形成一种以教与学为焦点的合作文化。

富兰和埃克指出，任何一所学校，如果希望形成专业学习共同体，就必须解决重塑学校文化的任务。他们写道："除非集体探究、合作团队、行动取向和结果本位，这些特征都能成为'我们解决问题的方式'的一部分，否则不太可能成功创设专业学习共同体。"

根据富兰和埃克的研究，主要有四种学校文化类型：

1. 个人主义的。教师习惯于埋头做自己的事，发展自己的专业技能，而不考虑同事的相关经验。事实上，在传统的学校文化中，教师常常将其他教师进入他们的课堂视为侵犯隐私。在这种文化中，有人可能会说："为什么我必须合作？我很优秀，我的学生学得很好！"这样的团队就像"野牛团队"。

2. 分裂的。教师中间出现了一些根深蒂固的派系，在分裂的学校环境中，一个个小团体之间要么不相往来，要么相互争斗。这些群体的内部成员完全忠于他们派系的成员，强烈维护他们的理念，但是可能对整个学校不太忠诚。排他性派系的问题非常难以解决。这就有点像是"螃蟹团队"了。

3. 人为的分权原则。表面上，教师们看起来是合作的，他们可能花了不少时间来讨论教学问题，可实际上并不关注与教学相关的深层问题。教师只在表面上合作，而没有挑战自己的教学信念和方法。

4. 合作的。在合作的校园文化中，团队由非常精通业务的个体组成，他们每个人都在帮助学生学习，每个人都成为积极的学习者。他们热情地与同事合作，以提高教学策略、改善班级管理。他们知道只要和同事一起来解决问题，就可以应对遇到的挑战。而同事间的合作只为了取得一个结果：提高教与学的质量。为了实现这一点，团队成员相互依赖以达成共同的目标。

合作型的团队文化就是我所说的"飞雁团队"的文化了。

下面大家可以就团队的基本概念展开讨论。

· · ·

问 我觉得在学校中，"螃蟹团队"似乎不在少数，是不是教师与教师之间的竞争太激烈了？

答 学校总体来说是鼓励竞争的，或者说是竞争大于合作，在这种文化之下，要求团队成员通力合作确实有点难，但是不等于全然没有可能，否则我们就不必继续学习团队理论了。导致"螃蟹团队"的原因很多，与团队成员"同质化"有关，与团队成员缺乏团队精神有关，与团队负责人缺乏团队领导能力有关；可能更重要的是，我们还没有学会与人合作，合作是一种技能，是需要学习和训练的。

问 我对"人为的分权原则"特别有感触，近年来，我们学校也非常重视团队建设，领导大会小会上也在讲合作，确实大家的合作意识比以前增强了，可是真正的合作好像没有开始。正如您所说，"教师们看起来是合作的"，可是他们并没有深入讨论真正重要的东西。

答 是的，我们在教研活动上花费了很多时间，看上去大家都在讨论问题，讨论得也挺热闹，可是总感觉深不下去，人与人之间总是有些隔阂，为自己辩护的多，真正在反思和改变的却很少，大家都在提防着什么，似乎还是在暗暗较劲，这种情形很微妙。所以我们要研究团队建设问题，使我们的团队成为"飞雁团队"。

2. 如同飞雁

"飞雁团队"是合作型团队的理想和楷模，如同飞雁般的团队我们称之为有效团队。

雁群在飞行的时候，一个最明显的特征是经常排成一个"V"字型，以这种方式编排队伍飞行是有道理的，因为这么排列，前边的雁可以为后边的雁创造一个上升气流。在长途飞行中，当"V"字顶端的头雁飞行一段时间后，它就会自动换到后面的某个飞行位置飞行，而这个位置要比顶端的位置在飞行时更轻松也相对容易。队伍顶端的飞行显然更费劲，更需要体力和意志，这时原来排在后面的一只雁就会取代它飞到顶端作头雁。如果有一只雁开始脱离队伍，它会很快回到"V"字队伍中，因为没有其他雁的翅膀煽动的气流，飞行就会很困难。

雁群飞行的时候，它们不停地发出呜呜的声音，而且声音还不小。雁群并不是随意发出鸣叫的，呜呜声是队形后面的雁发出的，是用来鼓励、支持和催促头雁的。

如果一只雁不幸受伤了，或者生病了，飞离了队伍，就会有两只雁飞出队伍，跟着那只落单的雁飞到地面上。它们会一直照顾它，直到它恢复了或者死了，然后再飞回雁群。

我想人们愿意用"飞雁团队"来暗示有效团队，是很有道理的，因为至少通过飞雁团队的比喻，让我们更直观地理解了有效团队的一些特征：

1. 拥有独立的个体。虽然是雁群，但再大的雁群也还是由一只只矫健的大雁组成，整个集体的有效性首先取决于每个成员的努力。

2. 具有更高的工作效率。组成"飞雁团队"的飞行效率显然要比单只的雁飞行效率高出许多。

3. 团队对个体具有特有的吸引力。大雁愿意在群体中飞行是因为每只大雁都能从团队合作中获益，也能感受到团队生活的温暖。

4. 不止一个领导。在团队内部有多个领导，飞雁队伍中的领头雁不止一个，也就是说领导的位置在很广的范围内轮换。

5. 成员间彼此照顾。就如同在围棋的对弈中，要想取胜，不会靠单个棋子的力量，而是依赖相互之间的配合。飞雁是如此，团队也是如此。

6. 为同伴欢呼。团队成员间总是相互鼓励，它们发出呜呜的声音，表示它们相互支持，而相互支持正是团队合作的温床。

7. 彼此信任。团队成员之间表现出整体性，并且也乐见其他人的成功，如同自己的成功一样。

我罗列的有效团队的一些基本特征，都是从"飞雁团队"的现象中得出的结论，我想不一定都很准确，也不一定全面，大家一会儿还可以补充。

我们刚才讨论了团队有效性问题。接下来我们谈谈团队失败的原因，也许在探讨如何建设高效能团队之前，研究一下团队失败的原因也是有意义的。

原因一：缺乏时间。与个人工作和学习相比，团队合作需要时间。让教研组的每个成员安心坐在一起讨论问题，这本身是一件不容易的事。就拿我们这个工作坊来说，能定期静下心来一起深入学习，就需要排除各种干扰。如果缺乏完成任务所需要的充裕时间，缺乏完成既定目标所需要的足够资源以及管理者对团队的支持，团队注定会失败。

原因二：变化太快。团队活动是由人与人的关系构成的，面对不同的工作和学习任务，就需要人与人的不同组合关系，这种组合关系是特定于某项任务的，也就是说当任务发生变化，人与人的关系则需要重新协调。于是，工作目标、内容、进程和责任的快速变化，使得团队协调与沟通的成本昂贵，因此团队便失败了。可见，成功的团队总是在应对相对稳定的而不是多变的工作任务的。

原因三：能力不强。面临工作中的种种挑战，如果团队成员不具备迎接挑战的能力，或者团队成员能力很强，却比较单一，未构成互补关系，团队就会招致失败。在团队能力中，与他人合作的能力尤为重要。

原因四：个人冲突。团队成员之间的恶性竞争关系或人际矛盾，以及团队成员的工作方式或行为方式难以协调，甚至出现权力斗争，团队成员之间缺乏起码的信任感，这样的团队只会是一盘散沙。

导致团队失败的原因一定还有不少，我先总结出这样几条来供大家参考。

有人问我，是不是教研团队失败的几率要大于年级团队。我的答案是不一定。

我们可以将团队分为三种类型：多功能型团队、问题解决型团队和自我管理型团队。

年级组是典型的多功能型团队，这类团队是由来自同一层级、不同工作领域的员工组成，团队成员能在不同领域的教师之间交换信息，激发新的观点，解决面临的问题，协调复杂的工作任务。按理说成员差异性较大的团队的运行相对更为有效，但问题是，这类团队在其形成的早期阶段往往要消耗大量的时间建立起信任，并且建立起真正的合作关系也需要一定时间。

教研组是典型的自我管理型团队，这类团队是由在同一专业领域内工作的人员构成的，他们共同就工作进程、资源需求和任务分配等进行决策。一般而言，专业性很强的团队会倾向于自治，教研组的自治性就要比年级组的强。但是，可能这类团队内部个体间的竞争关系和同质性会降低团队效能。

课题研究小组大概类似于问题解决型团队吧。这类团队多由志愿者组成，团队成员就如何改进工作程序和工作方法进行研究或提供建议和方案。可是，团队比较松散，团队成员往往缺乏责任意识，团队瓦解得也很快。

所以，不同类型的团队都有优缺点，所有类型的团队都面临着避免失败和提高效能的任务。

· · ·

问 时间确实是个大问题，团队活动需要时间，而一线教师整天忙忙碌碌的，如何才能有更多的时间用于团队工作呢？

答 团队活动比个人活动需要更高的成本和更多的资源，时间只是其中一项资源，但也是很重要的一项资源。我们有很多美好的设想之所以达不到预期的效果，往往与时间不够有关，团队活动也是如此。

关于如何挤出更多的时间，我们首先可以想到的就是做减法，可以把什么减去呢？进教室授课、批改作业、找学生谈话、个别辅导、接待家长等等这些活动是应该获得保证的，看来能减去的就是一些与行政事务有关的会议和活动了，精简会议是一个办法。可是有些会议不是校长要召集的，而是上面布置的，尤其是为了迎接各种各样名目繁多的检查、评比、考核，为此学校耗费大量的人力物力和时间资源，能把这些时间省下来用于教师的团队活动，那该多好！

可是，目前看来这几乎是不可能的事。于是，能够想到的就是提高那些会议的质量和效益，不是不开会，而是开小会开短会。关于如何开会，我在之后的学习中会安排相关内容。

我们一方面时间不够，一方面却又没能进行时间管理，正如我们一方面缺钱而一方面却挥霍金钱，这就是我所说的缺乏理性的表现。如果我们将一周内在学校里的每件事都记录下来就会发现，其实时间资源虽然不那么充裕，但一定也不至于太匮乏。

如果我们真正意识到团队建设的重要性的话，我们还是要舍得在团队活动中花时间的。

问 您谈到变化太快导致团队失效，对此我深有感触。一线教师感觉很忙，有时候甚至感觉心力交瘁，不仅是因为工作量大、工作时间长，更直接的原因是工作充满着不确定性，上面下来的指令很不清晰，而且多变，总是很紧急并且立马要我们完成，完不成的话甚至要我们通过造假的方式来应付。

答 当任务发生变化时，团队内部人与人的关系就需要重新协调了，因此在紧急任务面前，我们宁愿一个人干也不要将任务发派给别人。我觉得那些临时性的任务就不必劳烦大家了，因为团队协调与沟通的成本将变得十分昂贵，这也就验证了为什么大变革时代会出现很多英雄，个人英雄主义总是在不确定的环境中诞生。

不过，这也提醒我们，为了确保团队成功，应该给团队创造相对稳定的而不是多变的工作环境。作为团队负责人，我们能为自己所在的团队创造这样的小环境吗？而要创造出这样的环境，与你们的理性能力有关，一个"不理性"和"非理性"的团队负责人，不能给予团队成员稳定感和安全感，只会导致团队的失败。

问 教研组是自我管理型团队吗？我头一次听说，也不认同。我觉得在学校中，我们教研组根本就没有什么自主权，哪里是什么"自我管理"？可以这样说，我们教研组的所有活动都是上面指令的，教研活动除了布置上面要求我们布置的工作，也没有真正做什么符合我们自己意愿和本学科特点的事。

答 我这里所说的"自我管理型"是相对于"多功能型"和"问题解决型"而言的，教研组相比年级组、课题组更"自主"；另外，教研组"应该"是"自我管理型"而不是"事实"是，事实上绝大多数学校的教研组都不是"自治"的，因此也可以推论这样的教研组是低效的甚至是无效的。

为什么教研组应该体现其"自治"性？那是因为教研组是为研讨学科教学的学术性目标而设立的，这与年级组显然不同，年级组更具有行政色彩。我们知道，学术性的组织不能听命于上级，而应该服从于真理。真理从哪里来，真理不是被任命的，真理性知识是经由理性思考和逻辑讨论，并加以验证才能获得的。因此对真理性知识的探求不得不远离行政体系，是因为行政体系的运行法则是"权力"，是对"上面"的服从。大学里的"去行政化"，强调的就是要使学术归位到仅服从真理而不是权贵。

问 可是事实上我们的教研组并不自治，那如何提升教研组的有效性呢？

答 那就要自己去寻找"生存空间"了，学校行政力量其实并非"万恶"的，行政系统也希望教研组能更积极主动地研究本学科的问题，希望教研团队能通过研究来提升质量。我们看到在大方向上，行政力量应该与学术力量一致。关键在于我们自身有没有真正地静下心来做研究。

3. 建立基石

十个人中间有九个在工作时只想着把自己的事情做好就行，抱着"事不关己高高挂起"的念头。"只扫门前雪"的这种人，充其量只能做一个优秀教师，而不能成为真正的首席。十个人中大约也就只有一个人，会将带领一个团队进步视为自己的责任，我们称这样的人为首席或者领导者。

作为首席或领导者，最大的烦恼就是要应对不同类型的人。我们天然地喜欢某些人，又天然地排斥一些人；对某一类人你会抱有好感，而对另外一类人却天生恶感。但是，在团队内部，面对那些你不那么喜欢，甚至是"恶心"的人，你却还是要与他们交往，不仅要交往而且还要帮助他们改进工作、促进他们的专业发展。另外，面对那些不能全力以赴投入工作的人、偷懒的人、不能按时完成任务的人——这样的人一定不少见，你都要有足够的耐心去指引和督促。

因为你不能"驱逐"他们，团队中的那些成员并不是你挑来的，也由不得你来挑；即使由你亲自挑选团队成员，从公心的角度看，一些你不一定看得上眼的人，很有可能恰恰是团队最宝贵的人。作为首席，我们不能以自己的喜好来看待每一个团队成员，而应该从团队效能角度来认识团队成员。

总之，我们必须保证团队内部的多样化和差异化，我们要庆幸团队内部的多样化和差异化。具有角色多样性的团队最容易获得成功；同质化的团队，因为他们的行为相似，重叠的角色会使他们的行为也相互重叠，因而导致低效。

从人力资源角度看，一个团队中的人员配备要考虑多种工作角色的需要。作为团队负责人，不仅要考虑到团队工作任务的完成，同时还必须关注组织成员个人的特点、爱好、动机和能力，以便为每个人安排适当的工作和符合他们个性的角色。

据研究，有效团队中有八个角色，他们分别是：协调者、塑造者、外交家、创见者、沟通者、操作者、评价者和完成者，这八个角色对团队都很重要。

协调者：能充分利用团队资源来实现团队的目标，他们知道团队每个成员的长处和弱点，能保证让每一名团队成员的潜力得到充分的发挥。他们镇静，有自信，很成熟。

塑造者：能够塑造团队工作的方式，使大家注意团队的目标和首要任务，他们往往以结果为导向，总想引导团队保持既定的方向并尽快尽好地完成目标。他们一般都处于高度紧张状态，有超前思维，生气勃勃。

外交家：善于对团队外部的观点、资源和变化进行调查，他们能够为自己的团队建立有益的外部联系。他们还能代表本团队与外部进行相关的谈判。他们外向，热情，富有好奇心，善于交流。

创见者：特别关注重大的问题，喜欢想一些新主意和新策略，总是在为团队寻找解决问题的突破性方法。他们富有创造力，个人英雄主义倾向较严重，他们能认真、独立地思考问题，能突破传统。

沟通者：服从大家的建议去处理事情，能够弥补别人的不足，能够促进成员之间的交流。他们善于交际，态度温和谦恭，敏感，虚心听取意见，善于消除人与人之间的摩擦。

操作者：他们能将头脑中的一些想法和计划变成实际行动，能够高效而系统地执行大家一致同意的计划。他们比较保守，富有责任感，对未来有一定的预见性。

评价者：善于分析问题，善于对各种想法和建议作出评价，他们能保证团队作出合理的决策。他们一直保持清醒，不感情用事，谨慎而小心。

完成者：能保证团队不会轻易犯那些因疏忽而导致的错误，他们总是在内部寻找那些需要特别细心的工作，能使团队始终保持一种紧迫感。他们勤恳刻苦，办事有条不紊，他们认真尽责却有些急切。

讲到这里，请大家对照一下，你是这八种角色中的哪一种呢？这八种角色没有什么高下之分，无所谓好和不好，每一种团队角色都有积极的品质，也存在着一些不足。下面让我们看看他们各自的优势和不足：

协调者：善于委托别人办事，有目的感，不带偏见。他们欢迎任何能够为团队作出贡献的人，但是可能会被认为太喜欢操纵别人。他们往往把自己的分内事也分派给别人做，而且在智力和创造力方面没有什么突出之处。

塑造者：有干劲，喜欢挑战一成不变的局面，有勇气克服一切阻碍，但是特别容易激动，脾气暴躁，他们往往没有耐性，容易伤害别人的感情。

外交家：喜欢与人交往，善于扩大社交圈，能够探索、尝试新的事物，沉着应对挑战，但是他们过分乐观，而当最初的热情消失之后，他们就会很快失去兴趣。

创见者：天赋异禀，想象力丰富，高智商，有学问，但是常常不切实际，忽略细节问题，太过专注于自己的世界而缺乏与他人沟通的能力。

沟通者：对于周围人或局面能及时作出反应，灵敏，老练，善于平息风波，但是在危机时刻不够果断，很容易受他人的观点左右。

操作者：他们是特别值得信赖的人，有组织能力，能自我约束，工作很努力，有判断力，能把想法化为实际行动，但是不够灵活，对于新的思想、策略缺乏兴趣，比较保守，不容易激动，往往显得无动于衷。

评价者：有判断力，考虑问题很周到，但是干劲却有限，也比较缺乏灵感，他们不善于激发他人灵感，对人过分苛刻。

完成者：能够坚持到底，是个完美主义者，他们能准时完成任务，也能够发现错误和疏漏，但是会为小事情担忧，不够洒脱，平时什么事都自己干，不善于委托别人办事，容易吹毛求疵。

以上八个角色各有短长，而这些角色恰好构成了互补关系。只有团队富于多样性和差异性，并且形成了互补关系，才有利于团队效能的提升。

一个成功的团队，其团队成员的角色分工全面而明确，这是它赖以成功的秘诀。不同类型的成员增加了团队的多样性，也将消极的人际矛盾降到最低。

我们可以将这八种角色按功能分为四组：外交家和沟通者归为一组，谈判功能强；操作者和完成者归为一组，执行功能强；评价者和创建者归为一组，参谋功能强；协调者和塑造者归为一组，领导功能强。

以上四组人员，就是整个管理的基石，团队内部能够拥有这些类型的成员，那么这样的团队就是成功的。只有当每一个成员都能满足所承担角色的要求，同时，整个团队的工作量也适当地分配到每个人身上的时候，团队才能高效、稳定地运作起来。

作为团队首席，你在团队内部的角色应该是什么呢？

毫无疑问，应该是个出色的协调者。一个成功的团队领导者能与团队成员精诚合作，他并不比团队的其他成员更聪明或更有创造力，却能将全体团队成员凝聚在一起；成功的领导者是团队中的首席，应该极其的宽容，可以倾听别人的想法，但又非常强硬，在任何艰难的情况下都能主持正义并理性地作出决策。

下面请大家提问题，自由发言。

・ ・ ・

问 我非常认同您关于"多样化"和"差异性"的观点，而且我也愿意克服个人喜好去包容我们团队内部的每个人。不过，在您提出的八个团队角色中，我却无法对号入座，是不是我不够典型？

答 团队角色理论只是提供给我们一个认识人的差异性的视角，还有很多视角来帮助我们认识人的丰富多样性。理论是对现实的一种"提纯"，现实要比理论所揭示的复杂得多，所以你无法对号入座并不说明你不够典型。人本身是复杂的，具有多个侧面，可能在某一个环境中，他的某一个特质被激活了，而另外一些特质可能就沉睡了；人又是变化中的人，人的一些特质也并非一成不变的。我们搞管理的人，得有第三只眼去认识到人的复杂性。但是，这不等于说人就没有稳定的某一特质，有时候人认识自己是很困难的事，如果你能结合相关量表的测量，或者请你身边熟悉你的同事和朋友来评价一下，或许你会发现那个真正的"你"，那个"你"很有可能与你自认为的你很不同。

问 我刚才对照了一下这八种角色，我还不能确定我属于哪一种，但是可以肯定我不是您所说的"协调者"，因为我特别不善于把工作派给别人，让别人办事我总是不那么放心。

答 我在这里花了很多时间和大家讨论团队角色问题，除了希望大家能尊重团队内部成员的差异性、找到自己的角色定位之外，我还希望大家能学会扮演好团队负责人的角色。事实上不是每个人天生就是当负责人的料，有些人有这方面的天分，而更多的人则没有，因此我们才要去学习。我问过不少管理者，他们中的大多数人都回答我，他们不是"协调者"，其中有相当一部分是"操作者"和"完成者"，是不是他们就不能成为优秀的团队领袖？不是，只要我们学习扮演协调者的角色，就一定能当好团队首席。人的成长可以被认为是一个社会化的过程，而社会化就意味着学会扮演社会所要求你扮演的角色，比如父亲、儿子、校长、消费者、公民等等。

能与成员精诚合作，虽然不一定特别有才干，却能凝聚人心，能带领大家在任何艰难的情况下作出理性的决策，这就是出色的团队首席。给大家说一个团队首席的典范吧，那就是唐僧，团队成员各个不同，孙悟空、猪八戒、沙和尚的才能可能都要比唐僧强。可是为什么这是一个优秀的和成功的团队？因为唐僧发挥了重要的作用，他的优势在于能包容所有人，能授权给大家，并且最难能可贵的是他能坚持正确的方向，他的方向感特别强，所以才领导整个团队历经千辛万苦最终获得了成功。

问 看来我好像是一个"创见者"，身边很多人夸奖我聪明，想象力丰富，我对知识很好奇，所以读了很多书。但是也有不少人批判我不切实际，做事不够细致，就是你所说的"忽略细节问题，太过专注于自己的世界而缺乏与他人沟通的能力"。像我这样的人是不是不适合搞管理？

答 我刚才说过，我们都要通过学习来学会扮演团队管理者的角色，所以一开始你可能确实不太适合，但不等于永远不适合。就我的观察，有不少"操作者"和"完成者"特别容易被提拔到干部岗位，可能是因为领导偏爱愿意干实事也能干实事的人，而到了管理岗位之后，那些"操作者"和"完成者"也得继续学习扮演"协调者"的角色。不过，一个典型的"创见者"被提拔起来，确实不太多见，看来你们学校的领导还是挺开明的。你不必把你作为一个"创见者"的特质改掉，至少不必刻意这样做，你只要在工作时扮演一个"协调者"就行，当然，这得学习，而且是在经常的反思中来学习。

4. 值得信赖

作为团队首席，你所面临的第一个挑战就是建立团队信任感。团队管理的本质就是把一盘散沙变成凝固成块的混凝土，而能将散沙凝聚在一起的就是团队信任感。

散沙本身是不会自动变成混凝土的。我在网络上搜索了一下关于混凝土的知识，我知道了混凝土的构成：水泥、粗骨料（碎石或卵石）、细骨料（砂）、外加剂和水拌和，经硬化而成的一种人造石材。

由混凝土的形成，我产生了很多联想，可能团队确实就像是混凝土：团队人员的知识结构、年龄结构、男女结构、工作经验等都需按比例配置；在混凝土的形成过程中需要水，水起到一种融合的作用，那就是团队信任，正是信任构成了团队坚实的基础。

对一个团队来说，如果没有信任，每个人都还只是一个个独立的个体，这就如混凝土在成为混凝土之前，如果没有水，散沙还是散沙，何来混凝土？因此，团队领导必须做到信任团队内的每一个人，相信他们能做好每一件事，相信他们会尽全力。

团队领导不仅要信任团队成员，而且要创造一个团队成员间相互信任的团队文化。如何才能创造这种文化呢？那就要给团队成员更多相互交流的机会，这在混凝土中便是一个搅拌的过程。于是，团队领导在创造团队信任方面应该像一个搅拌工。而搅拌的方式可能包括培训、出游、讨论会、文艺活动等等，无论组织什么样的活动，广泛参与是十分重要的。

不少组长跟我说，组长是世界上最小的领导，手中无权，怎么才能领导一个团队呢？我说不是要做领导，而是要做首席；不是通过命令和直接控制的方法来领导团队，而是通过影响力和间接控制。影响力和间接控制的基础就是赢得团队成员对你的信任，在团队内，你要让自己成为一个值得大家信赖的人。

在你的团队里，大家竟然不能信任你，这是一件很可怕的事。如果没有建立起信任感，即使你能给出清晰的团队工作目标，也不能约束或激励任何团队成员。没有人会为一个不值得信任的人工作，或者与一个不值得信任的人一起工作。人们不信任双面人，不信任内外不一致的人，不信任只为自己不为团队谋福利的人。

要获得大家对你的信任，是需要你长期努力的。

第一，你的人品要被大家接受，就是所谓的"做事之前先做人"，而在所有的美德中，要赢得信任最重要的就是正直和诚实。正直代表着你是一个有原则的人，诚实意味着你说了就要做，说明你的行为和你的价值观是一致的。

第二，你要向大家清晰明确地表达你想要什么和要到哪里去。如果你不能明白无误地表达你的愿望，会让大家认为你缺乏决心，或者你不够坚定，你不能坚持你的观点，而这都将会影响到信任感的建立。让大家清楚地知道你想要什么，可以减少由猜疑带来的不确定性。我们完全可以通过增加指令的清晰度和透明度来培植大家对你的信任。

第三，要保持积极乐观的态度，要多多地赞扬他人，并将赞美作为自己主要的工作作风，赞美本身是一种积极的力量。批评团队成员，批评前任领导，或者批评团队之外的其他人，都不能引发信任。当大家都认为你是一个充满热情的人，是积极力量的源泉时，你会得到大家的信任，因为人们愿意被积极力量而不是消极力量吸引。

第四，要习惯与团队所有成员共享和互惠。不仅在利益上要与大家共享和互惠，在观点和立场上也要与大家共享和互惠。如果你在团队中总是先表达团队成员普遍支持的观点，人们会更容易接受你后面的观点。如果你想让团队发生一些改变，或者使团队前进到有些危险或者不舒服的地方，可以先表述团队中其他成员普遍认同的观点。在你表达了同意他们之后，你就可以把他们引导到可能会使他们感到不舒服的目标。你要让所有人认为你和他们在一起，而不是在他们的对立面。如果你被认为同其他人的价值和观点一致的话，你的信任威望就建立起来了。

第五，在别人遇到困难的时候，你的鼓励和指导很重要。鼓励意味着帮助他人有勇气去处理难题，去打破现状；有效的鼓励并不仅仅是做个啦啦队长，而是要提供积极有力的意见和有用的建议。也就是说，鼓励不仅仅是称赞和支持，还包括指导和帮助。

· · ·

问 有一个问题一直在困扰着我，一些工作由我去布置，组员们未必愿意去做，而校长一旦出面就搞定，您看这是我的问题吗？

答 这不一定是你的问题，一些人会"趋炎附势"啊，校长的职位比你高，手中的权力比你大，可以调动的资源比你多，如果不按校长的意思办可能后果更严重，如果按校长的意思办可能得到的回报也会更丰厚。

不过，我想提醒你，也许组员不愿意听从你的指令，是因为他们还没有把你看成他们的领导，你的个人威信可能还没有建立起来。这又得回到信任感这个话题上来，你知道，威信本身也来自信任感。组员们也许认为校长比你更有威信，因为校长可能比你更值得他们信赖。比如说，校长比你更可靠，校长发布的信息和下达的指令，其可信度更高，也就更可靠了，而可靠感是信任感的一个重要源头。

当然，信任感还有另外一个源头就是关心度。关心度就是关心他人的程度，当有人在做事的时候不但考虑自身，还能考虑到这件事是否影响大家的利益，考虑到为别人带来福利，那么大家就更容易对这个人产生信任。

如果你的专业水平更高，如果你工作中更坚定、更果断，而且还能更多地为他人考虑，那么你一定会赢得人们对你的更大的信任。

问 我认同您的观点，我也愿意赞美团队成员。可是，赞美并不能解决所有问题。

答 是的，赞美和表扬确实不能解决所有问题，否则团队管理也就太简单了。我们用于日常评价的四种方式：表扬、批判、鼓励、提醒，没有一种方式是可以解决所有问题的。所以我说，我们要将表扬和赞美作为一种主要的工作作风，这本身是对你勇气和自信的一种考量。每个人都有自己的优点，每个人都希望获得别人的夸奖，因此，对别人优点的肯定不仅不会贬低自己的位置，而且可以赢得别人对你的尊重。一些人不太愿意夸奖他人，夸奖之词说不出口，可能是因为缺乏自信心，坦然欣赏别人的优点是需要相当大的勇气的。

此外，我们也要注意到，并不是赞美就一定能取得好的效果，有时往往因为赞美不得当，反而适得其反。

首先，应该要赞扬对方他认为他确实很了不起的领域，也就是说要夸对方的强项，为了做到这一点，平时就要多观察，仔细观察对方最喜欢谈论的话题，一些人专注于其工作成就，一些人专注于家庭生活，还有些人专注于娱乐生活。即使都专注于工作的人，也会各有侧重的。

其次，不用大张旗鼓地夸奖某人的能力和天分，而要夸奖其行为。因为夸奖行为比夸奖能力和天分更能避免功利主义，也更能帮助一个人成长。不仅要赞美对方的行为，而且要赞美由对方行为而引发的积极效果；与其说"你真了不起"，不如详细阐述他所做的某一件事情所带来的效应。

其三，夸奖要真实可信。夸奖他人时，如果老用一些过激的形容词，就会因为言过其实而让人扫兴。有时候，间接夸奖会令人觉得比较实在，对方通过他人之口了解到你对他的赞赏，他对你的感激肯定会超乎你的想象。

其四，夸奖他人时要不折不扣地夸奖。如果夸奖打了折扣，没有给予对方百分之百的赞赏，而是在夸奖之后加上几句令人沮丧的评论或是一些会削弱赞赏的话语，则会破坏了夸奖的作用，使受夸奖的一方原有的喜悦之情一扫而空，而那几句非议的"评论"却让人难以忘怀。还有，我们千万不能错误地把赞赏他人当成了自我表现的机会，以为能够通过打了折扣的夸奖来证明自己的水平。

问 那些自以为是的人,该不该夸奖他们呢?

答 当然要夸奖。平时要格外关注团队成员中那些较有个性、有才能和有影响力的人,把他们作为夸奖的主要对象。因为他们比其他人更需要得到他人的认可和赞赏。相反,平时很低调,性格很内向的人,如果你总是大张旗鼓地夸奖他们,常常会使他们很难堪,会增加他们的压力。

总之,团队首席要勇于承担责任,将发生错误的责任拉到自己身上,多夸奖自己的同事,千万不能与同事们抢功劳。要始终让团队成员认识到自己的价值,让他们感到自己有着无人替代的重要性,要始终让他们觉得自己得到了最大的信任。

5. 精心设计

团队首席在团队内的一项基础性工作就是与团队成员一起设计自己的团队。在理解了团队是什么、什么是有效团队、团队有哪些角色、如何建立信任等这些团队基本知识之后，我们可以尝试建设一个高绩效的团队了，而这项建设工作起于对团队的精心设计。

为做好团队设计，以下是一个团队领导需要考虑而团队每个成员都应该理解和同意的七个问题。

1. 我们是谁？

要求每个团队成员回答下面的问题，并和其他人分享。

（1）我的长处是什么，我的哪些长处可以为团队作贡献？

（2）我有哪些不足？我需要哪些帮助来弥补我的不足？

（3）我的工作偏爱是什么？

（4）我的价值和信念是什么？

（5）作为团队一起工作和学习意味着什么？

我以我们工作坊这个团队为例吧，我也是这个团队的一员，我来回答"我们是谁？"这个问题，我的回答是：

（1）我的长处是在学校管理方面积累了一定的经验，也有不少学校管理方面的知识和理论积累，更重要的是我善于将我的个人经验和知识理论化为"家常话"表达出来与大家分享。我相信我的这一长处会为工作坊这个团队作出贡献。

（2）我的最大不足就是离开中小学已经八年，一线的教师们的所思所想我已经有些隔膜了，还请大家多给我介绍介绍，多提出你们工作中的困惑和苦恼，让我了解你们也了解今天的学校，在此我要谢谢你们。

（3）我偏爱独自阅读与思考，在我阅读和思考的时候我不喜欢被人打扰。我的阅读很广泛，我有个雄心勃勃的阅读计划，可是每每落空，所以我就更不愿意被计划外的事所打扰。

（4）我的价值和信念是：坚持民间立场和理性的态度，做教师和校长的代言人。这个价值和信念十多年来从未变过。

（5）工作坊作为一个团队，我们一起工作和学习意味着分享和互惠，我们彼此都会有知识的分享和精神的互惠。

大家也可以按照这样的顺序介绍一下自己。

2. 我们现在在哪儿？

这个问题是要分析我们团队的强项、弱项、机会和威胁：哪些强项是需要加强、改进和提高的？哪些弱项是需要提高的，应该如何提高？我们有哪些机会学习新的技能，承担新任务？我们要面对哪些外部的不利情况？

下面我来尝试回答上述问题。

（1）我们这个工作坊最大的强项就是"业务精良"，无论是武汉的、上海的还是广州的，无论是中学的还是小学的，都是在自己的专业范围内取得成就的教师。正因为有了这么好的基础，所以我们成为专业成长中的首席是指日可待的事。

（2）我们这个工作坊最大的弱项就是"业务太精良"，因为我们专业水准比较高，因此人也有些清高，我们离"团队建设中的首席"这个称号还是有一定距离的。

（3）我们要学习的最重要的技能就是如何领导一个团队并使自己的团队取得高绩效，我们还要将所学的团队理论运用在"校本研修"之中，以提升校本研修的有效性，从而让教研组中的每一位教师都能获得最大发展。

（4）我们的机遇就是成立了这个工作坊，而不利的情况是让大家聚在一起的时间并不多，因此我们应该更多地建立在线学习的方式。

以上是我对我们这个团队的分析，不知道恰当与否，大家可以讨论。

3. 我们将要到哪儿去？

我们需要考虑团队在一年、两年，甚至五年之后会是什么样子，为此要设立一个令人激动的愿景和具体目标。

我在想，我们这个工作坊要成为一个专业共同体，这个共同体应该让无障碍沟通和交流成为可能，我们并不是追求多么了不得的学术成就，而是要创造生命成长的无限可能。因而，发现自我，比任何任务的完成都重要。

4. 我们将如何到达那儿？

要制订一份实现团队目标的行动计划。这个行动计划会告诉我们所有人：谁做什么，什么时候做，如何做，以及如何促进任务的完成。

我们工作坊的行动计划，我在第一堂课中已经和大家介绍过。

5. 我们的角色是什么？

每个成员都要写出"角色说明书"，并与其他成员共享。要回答以下一些角色分工方面的问题：谁最适合管理和维持整个团队？谁最擅长发动改革？谁最擅长鼓动人们的热情？谁处理工作中的细节更合适？为了写好"角色说明书"，团队成员要学习"团队角色"的理论。这个内容之前已经跟大家介绍过，相关内容请大家回顾"建立基石"这一部分。

6. 我们需要哪些支持？

团队领导要对每个团队成员的培训需求和发展需要展开调查，而不能主观臆断。要向上级领导传递需求信息，包括人力、物力、财力、信息、时间等方面的支持。

7. 我们希望得到哪些回报？

哪些回报是指我们向往哪些奖励物，比如说我们工作坊如果出色地完成了学习任务，大家表现很好的话，可以在郑老师的带领下考察上海的名校等。

团队首席无疑要在团队设计中占主导地位，但是一定要与团队成员就以上七个问题进行沟通和交流。作为工作坊的团队领导，我刚才已经就我们这个团队作出了设计，下面请大家就我的初步设计提出你的意见和建议。

· · ·

问 您的清单中所开列的七个问题，我觉得最难回答的是"我们现在在哪儿"和"我们要到哪里去"，在回答这两个问题时，您有何建议？

答 要花时间好好回答"我们现在在哪儿"这个问题。

首先，我们自己要明白所谓的强项、弱项、机会和威胁分别是指什么。强项和弱项指的是团队内部状况，内部状况好的方面是强项，反之是弱项；机会和威胁是指团队外部的，外部状况对团队有利的方面是机会，反之是威胁。

在分析内部状况时主要着重于两方面：一是专业方面，二是人际方面。比例上，专业上的分析多一些而人际上的分析可以少一些，但不能没有人际分析。另外，我建议大家可以把自己组与其他组进行比较，这样更能看出自己团队的优势和劣势来。在分析外部环境时，我建议大家多分析"机会"部分，因为只有分析出机会才能更好地激励团队行动。总之大家要多看积极的一面，至于有些消极面，即使分析出来了还是无法改变的，或者凭我们的力量无法改变的，那就不要写了。

其次是"我们要到哪里去"，回答这个问题要注意三点，一是能与所分析的"我们现在在哪儿"结合起来，不能割裂，回答"我们现在在哪儿"是为了更好地回答"我们要到哪里去"的。你分析出的强项就要努力保持和取得新突破，你分析出的弱项要考虑是否可以扭转。二是研读一下学校的发展规划和年度计划，如果规划和计划是严肃的，那就要好好研读，团队属于学校，是学校中的团队，学校规划和年度计划为你们团队的计划提供了指引，这是必不可少的指引。学校要回答清楚"我们现在在哪儿"，团队才能回答清楚我们在哪儿；学校要回答清楚"我们要到哪里去"，团队才能回答清楚我们要到哪里去。总之团队的价值应与学校价值保持高度的一致性，背道而驰是不可想象的，毕竟团队是学校的一个细胞。三是要写具体，"我们要到哪里去"这个问题是在回答"团队目标"是什么的问题，所以越是写得具体，就越能起到对团队成员激励的作用。目标要跳一跳够得着，要找到"最近发展区"，否则无法凝聚人心。

问 我们教研组每年都制订工作计划，您说的"团队设计"与工作计划有什么不同？

答 团队工作计划是学校工作计划的"执行计划"，是一个"被动"的计划。而团队设计的主体是全体团队成员，是一个"主动"的计划，是基于本团队特点和大家共同意愿的产物，是"我们"的计划；也正因为那是"我们"的计划，所以是要真正得到"执行"的。

6. 建立规范

如果管理一个10人以内的小团队，差不多靠团队领导者一个人的能力就够了，因为直线管理10人以内的团队，你一个人能罩得住，在管理理论中这被称为管理幅度，凭着一己之力，你的管理幅度大概就是10个人。如果管理100人以内的团队，靠一己之力显然不行了，你必须依靠制度和管理体系；如果管理1000人以内的团队，必须依靠一种文化和良性的价值观；如果管理10000人的团队，就只能依靠共同的信仰了。

一般而言，一个团队总有十几二十人，显然靠一个人的力量难以实施有效管理，那就得靠制度来帮忙了。下面我们来谈谈规章制度问题，这对于团队的健康运行很重要。

有个著名的"勒温实验"，在实验前，将一群家庭主妇分成了6个小组。实验时，前三个小组听讲解人介绍某种菜的味道如何如何好，营养价值如何如何高，并且每人还能得到一份食谱，而后让她们去做菜；后三个小组被讲解人告知团队有一项规定，必须用动物内脏做菜。

一周以后检查发现，劝说组（前三个组）中仅有3%的人改变了态度，而规定组（后三个组）中有32%的人改变了态度。

这个实验告诉我们，劝说与规定，对人的态度和行为所产生的影响是不同的，劝说和说服很重要，但是制度和规范的作用是不可替代的。

团队规范显然有利于团队的有效性，团队规范还能提高团队负责人的声望。团队领导一般都会被团队成员期待，期待着能够在一个团队内主持公道，团队领导的个人影响力很大程度上来自能对团队成员作出公正而恰当的评价。可是，怎么才能做到公正而恰当？那就要靠事先宣布的而又被大家认可的规范和标准。因为事先公布的规范和标准是评价一个人或一件事的优劣的尺度，如果没有规范和标准，那么评估就只能依据团队领导的个人喜好了。所以，一个成熟的团队领导，在接手一个团队后，总要适时地推出若干规定，算是"约法三章"吧。

那么，团队到底要制定哪些规范呢？我想，团队建立的规范主要应围绕着人与人的关系，而不要过多地针对工作。因为团队规章与学校层面的规章不同，学校的不少规章多半是针对工作的那些规范和标准，而团队的规章则侧重于人事关系，也就是要用团队内部的规范来调整教师与学生、教师与家长、教师与教师的关系，而尤其是以调整教师与教师的关系为重。

团队调整人事关系的规范有哪些种类？分类方法应该有不少吧，我这里主要和大家谈谈核心规范与边缘规范这两类。

所谓核心规范，主要是那些最重要的观念，比如要爱学生，要尊重家长，要正直而诚实等等；而所谓边缘规范，则是一些小问题小细节，比如见到客人要鞠躬并保持九十度。

那么团队到底应该主要制定核心规范还是边缘规范呢？我认为，团队内部的规范不宜太细太边缘。我们可以依照以上两种规范将所有的团队成员分为四类：

第一类：遵守所有的规范。他们既遵守核心规范，又遵守边缘规范，这样的人除非有极强的工作能力和创造力，否则不太受团队欢迎。

第二类：只遵守核心规范，拒绝遵守边缘规范。往往这是些具有创造性的人，也是团队内最易被接纳的人，是最适合团队工作的人。

第三类：接受边缘规范，不接受核心规范。这样的人其实很危险，他们处于"颠覆性的叛逆"状态。

第四类：对两类规范都持排斥态度。他们既不遵守核心规范，又与边缘规范格格不入，他们完全和团队处于公开的对抗态度。

我想，在团队内部生存，需要保持一定的弹性，在不牺牲原则和质量的前提下，围绕着核心观念来建立规范，是切实可行的。

团队的规范不同于国家法律，团队规范应符合"热炉法则"，即，好的团队规范应该像热炉子一样，暖手而不被烫伤。

· · ·

问 您谈到团队规范问题，我觉得团队成员似乎并不是按照规章制度来行事的，人们更倾向于看在人情的份上而工作，我认为团队的规章也可能消解团队的凝聚力。

答 我同意你的观点，如果团队仅靠规章制度来管理，确实会使团队关系紧张。我们很多人不太适应被制度束缚住，认为那会成为一种负担，而且也不够灵活，在"情"、"理"、"法"中，我们习惯于将"情"放在第一位，而将"法"放在最后。这是我们的传统，或者是我们的文化，很难撼动。所以，我提出将团队规范主要集中在人与人的关系，而且要多采用核心规范，尽量不要使用边缘规范。

不过，作为基层管理者，毕竟要对团队工作质量负责，学校的那些与工作质量相关的规章制度还是需要我们去执行的。

在我们的日常管理中，有一些管理涉及人，还有一些管理涉及事。涉及人的管理，多要采用人性化管理的方式，以满足被管理者的需求，从而调动他们的工作积极性，所以规范不能太繁杂；而涉及事的管理，多要运用科学管理的原理，要强调工作标准、质量监控和管理流程，所以规章制度越齐全越好。

我觉得人的管理和事的管理都是不可或缺的，就如同一辆车的前行，光有动力系统（人性化的或人际关系的管理）而缺乏刹车系统（科学的或标准化管理），或者光有刹车系统而没有动力系统，都是不行的。那么，动力和刹车哪个更重要？都很重要，只是对事的管理（科学管理）是对人的管理（人性化管理）的基础，也就是说不能一味地满足被管理者的需求而牺牲了工作的质量，这是不正确的管理方式，是对不负责任的行为的迁就。

总之，团队领导要对团队运行的质量承担责任，就需要制定一些团队成员共同接受的行为标准，让团队每个成员知道自己在一定条件下应该做什么，不应该做什么。

问 可是有了团队规范,大家也未必就会执行,我们只是组长,小小的组长对团队成员缺乏约束力的。

答 不仅是组长,就是当了校长,也会被这个问题困扰:制定了各方面的规范和标准,学校规章制度不可谓不齐全,可是执行却很成问题,为什么没多少人把规章制度中的规范和标准当回事?

我认为,导致有了规章制度却执行不到位的原因有很多,但其中有一条很重要的原因是教职员工的参与度不够,也就是说在规范和标准的制定、实施过程中,团队成员一直处在被动接受的位置,他们根本就不知道有哪些规章制度,也不明白为什么制定这些规章制度。

我认为,那些试图关起门来搞一套规章制度,而后用这套规章制度来规范化和标准化教师的行为和工作,多半是要落空的。而当大家被尊重了,参与讨论了,他们就会理解这些制度的"所以然";越是理解"所以然",他们参与管理的积极性也就越高,制度执行得也越自觉和到位。所以,民主与法治是一对姐妹,没有民主就不会有什么法治,而法治又保障了民主。

问 团队的规范以多少为宜?

答 关键看能否提高团队的有效性。决定团队是否有效的并不是规范的量,而在于规范的质。能发挥效用的团队规范都必须是明确而清晰的,我说的是文字表述必须明确和清晰。而如果团队制定的规范太多,也就会失去明确性和清晰性,所以我认为团队规范不宜太多。

那以多少为宜呢?大家知道解放军唱的那首军歌《三大纪律八项注意》,加起来也就11条吧。我认为所谓"三大纪律"指的是解决不能违反的规范,或者叫作底线;而"八项注意"则是一些细小的要求,经过提醒能够引起注意的那些规范。纪律一定要严明,而纪律一定不能太多,也不能多变,否则会让人无所适从。至于那些需要注意的地方,就不一定要求得太严格。当我们规定的越是严格,违反规范的几率就越高,而你总不见得每件事都要从严处理吧?一旦违反规范,而你又不去处理,到头来只会让你的威信受损。所以,少宣布纪律，有三五条就够了，但一旦宣布了就要坚决执行，绝不含糊。

我记得当时对我们班子成员宣布的"三大纪律"是：绝不要散布未加考证的事实；绝不要在布置工作时对下属们说那是郑校长的意思；绝不要造假。

7. 发展阶段

正如教师个人的专业发展，我们知道教师专业发展是有阶段的，在不同的发展阶段上，应该有不同的发展策略。一个团队的成长也要经历若干阶段，团队在不同的发展阶段上，其内部动力和团队成员关系会有所不同，作为团队首席，你的领导行为也要有所调整。

从团队组建到团队成熟，整个团队发展过程中要经历四个阶段：形成期、规范期、风暴期、执行期。下面，请大家一边回顾我们工作坊这个团队的情形，一边来体会一下四个阶段的特点。

第一阶段：团队形成期。

在一个团队形成的初期，人们还都比较陌生，都很在意在同事面前的形象；人们往往比较沉默，相互之间甚至交谈也不多；很少有人提出问题，很少有团队成员愿意在第一次聚集的时候就去挑战他的领导；当团队领导向大家提出问题的时候，也很少有成员愿意主动回答他的问题，即使有人回答问题或给出答案，一般也是很简短的。大家回忆一下，我们这个团队刚开始的时候是不是这样。

在这个阶段，团队领导不要太关注工作目标，也不要急着下达工作任务，因为此时帮助团队成员彼此熟悉，让大家感受到舒服和温暖要比布置工作任务更重要。

这个阶段团队一定要解决以下问题：建立起彼此之间的信任感；让每个团队成员适应新的环境，让他们开口说话并且使他们的问题都能得到回答；让大家都知道谁是团队领导者，搞清楚团队未来的方向；要让大家明确每个人的角色和位置。

第二阶段：团队规范期。

一旦团队成员明确了团队的目标，接受了他们在团队中的角色和位置，团队接下来要迎接的主要挑战就是创造一个富有凝聚力的集体。正如我在"值得信赖"这一节课讲过，团队就如混凝土，"水"代表着信任，而"搅拌"即是交流，团队成员之间在这个阶段交流越多，就越有凝聚力。

这个阶段存在的典型问题是：团队的规范是什么？团队成员应如何更好地与其他人相处？如何对其他人表达支持或反对？这类问题其实都属于人与人之间相处的行为规范问题，关于如何建立规范我在上一课已经与大家讨论过，在此不再赘述。

总之，规范阶段是一个团队角色的形成阶段，团队的主要任务就是形成凝聚力，明确团队成员的工作目标和任务，增加团队成员的责任感，提高团队的有效性。

这个阶段团队领导要提供必要的和及时的反馈，要树立清晰的有激励作用的愿景，要确保团队的和谐与团结，确保人人参与，要对团队成员提供支持和帮助，要鼓励团队成员相互关心。这个阶段，团队首席的主要任务就是主持制定团队的各项规章。

第三阶段：团队风暴期。

"风暴"早晚会来临，在团队形成期和规范期中，团队成员会感觉舒适。但是，较高的舒适感并不是团队的目的，舒适感有可能导致团队内部过多的认同和一致性，而过多的认同和一致性不是一件好事，因为这会使团队的有效性面临挑战。如果团队成员只想着保持"和平"，而不是解决问题和完成任务，那么团队永远不会变得有效率。

于是，团队要想成功，必须克服一些障碍，因此难免要经历一定的不舒服的阶段。在这个阶段，团队内部冲突会逐渐显现，一般会在工作目标的优先次序上发生分歧，此外会对工作任务和责任分配上存在争议，或者对他人的工作行为或工作方式有不满。

在冲突发生后，有些团队成员会有退缩行为，他们会通过退缩使自己远离冲突，他们惧怕由冲突带来的紧张情绪；还有些团队成员在表达自己的不满情绪后，为了顾全稳定的局面而强行终止冲突，这么做不仅不利于解决冲突，反而使人们产生更大的痛苦和憎恨之感。

在这个阶段，团队面临的典型问题是：我们如何处理不同意见？在出现不同意见的情况下我们应该如何作出决定？我们如何交流消极信息？这些问题如果不能得到有效的解决，将导致团队失败。

一些团队内部关系良好，但是效能一直无法得到真正的提升，主要问题就出在风暴期，人们没有认真对待风暴期。

这个阶段的团队领导者应该主持团队内的开放性讨论，应该鼓励团队成员从不同角度、不同方面对某个问题展开讨论；还可以邀请团队外部的专家来判断团队决定的合理性，并对团队决定作出评判。

无论风暴来得多么剧烈，一定要尽全力保护好彼此之间的信任感，退缩无法解决任何问题，只会让情况变得更糟糕。

第四阶段：团队执行阶段。

经历了"风暴"之后终于可以见到美丽的"彩虹"，团队进入最后也是最佳的时期：执行阶段。这个阶段的团队已经学会了自我控制，因为团队已经顺利解决了前几个发展阶段中的问题，它可以高效地进行工作了。

执行阶段的团队之所以高绩效是因为：他们目标具体而明确；团队成员之间相互的、内在的义务感得到增强，他们已经不需要外部控制而靠内驱力工作；团队内部没有什么等级之分，只要和完成任务有关的事情，团队成员就会去做，而不会去管什么职位和头衔；团队成员经常在团队中和别人合作来完成工作，不是单枪匹马，更不是与人竞争；团队总是有改革项目，不断持续的小的改进，显示出了团队的进步和活力；团队成员在心中彼此信任，正直和诚实成为团队的文化。

说到这里我也有些激动，我希望我们这个工作坊也能有如此美好的未来。

在执行阶段的团队应该思考：我们如何进一步提高绩效？我们如何创造性地解决问题？我们如何增强我们团队的核心竞争力？我们怎么样才能保持团队在一个高活力的状态？

还有一个严峻的挑战在等待着我们，那就是我们如何防止团队在执行阶段后产生分化。因为一些团队在执行阶段后继续从经验中学习和发展，不断地反思和改进，能与时俱进，变得越加成熟和有效；而另一些团队，却仅仅在维持运行而不能持续改进。

为防止团队分化，经常进行团队的自我评估尤为重要。关于评估问题我们以后再讲。下面请大家结合我们工作坊这个团队所走过的道路，谈谈对团队发展的看法。

· · ·

问 您为我们描绘了美好的"彩虹"，可是"风暴"毕竟也要安然度过。您认为在团队的风暴期，我们应该如何化解冲突？

答 在团队风暴期，冲突并不是一件坏事，冲突在任何时候都不是坏事。其实，人是社会的动物，人随时随地都会体会到各种外在的和内在的冲突，冲突是人类生活中不可避免的。冲突能够赐予人们力量，这种力量将会给所有人带来全新的、更好的处境。只是人们需要的是创造性的冲突，而不是破坏性的冲突。

问 什么是创造性冲突？冲突还能不破坏？

答 如果进行分类的话，我们可以把处理冲突的方式分为五类，你们评估一下哪些方式是创造性的，哪些是破坏性的。

第一类，竞争型。双方不合作，而且武断。双方总是想用自己的想法取代对方的想法，只想努力达到自己的目标而不考虑别人的利益、处境和目标；双方或一方使用强力或者权威以赢得冲突。

第二类，合作型。双方展开比较强的合作，而且武断。能尊重对方的差异性，发现并解决问题，力求最大可能地满足所有人的利益和需求，关心对方关心的事情，努力实现所有人的愿望。能运用合作方式解决冲突的人被认为是有能力的，他们能得到他人积极的评价。

第三类，妥协型。表现为比较强的合作和弱的武断。运用妥协的方式处理冲突，有时候是有效的，比如当对方处于忍无可忍，即将情感爆发的情况下；比如为了避免决裂时；再比如冲突主要基于人格而且不能轻易消除时。

妥协的方式往往短期有效，但如果将它作为解决冲突的主要方式，则基本上是无效的。因为这种方式关注了冲突时的情感方面的问题，但对于实质问题解决则没什么帮助。运用妥协方式的人会得到他人积极的评价，但是他们也会被认为是软弱和顺从的人。

第四类,逃避型。表现为弱的合作和弱的武断。运用逃避的方式处理冲突,在某些情况下可能是适当的,比如所处理的问题非常的细小,或者只有短暂的重要性,不值得耗费时间和精力去面对;比如当时冲突发生时没有足够的信息来有效地处理;比如自己的权力太小,而在场的其他人拥有更大的权力可以更有效地解决冲突。使用逃避方式处理冲突的人,往往希望让冲突自行解决,由于一些问题因为逃避而总是得不到解决,所以逃避者常导致他人的不利评价。

第五类,通融型。也就是采取折中的方法处理冲突,因为是折中的方式,所以最终双方都感觉不满意,通融往往只是使每个人获得中等的但仅仅是部分的满意。以融通的方式处理冲突只有在一种情况下是有效的,那就是当达到双赢是完全不可能的时候,但是这种方式不能运用在冲突解决过程的早期,因为过早的折中将妨碍对争端的全面分析或探究,会让人感觉非常的草率。

问 您会支持合作型的方式来处理冲突的吧!

答 这个问题应该由我来问大家。我觉得要具体分析。以竞争或者通融的方式应对冲突,容易造成"以邻为壑"的局面,一方实现了愿望,而另一方的愿望可能被排除在外;更糟糕的是,那些对你怀有信任的人,和心怀善意的一方,通常反而容易成为受害者,"信任"与"善意"成为两个最为普遍的牺牲品。

以逃避或者妥协的方式应对冲突的话,经常会造成两败俱伤的局面,因为没有人实现自己的愿望,造成双方冲突的深层次原因依旧存在,问题根本没有得到有效的解决。

合作寻求的是从根本上调和差异,只有合作方式能带来皆大欢喜和双赢的局面。合作是最为可取的一种解决冲突的方式,因为这种方式实现了所有各方的互利和互赢。

不过,每一种风格在特定的情况下都有其用武之地,在某些情况下,某一种方式也可能是最有效处理冲突的方式。但总的来说,合作仍是最好的方式。

8. 提高效能

我想在谈团队效能之前,先与大家回顾一下团队研究变化的过程,便于大家把握住团队理论和实践的总方向。

早在20世纪二三十年代,管理的"人际关系理论"开始兴起。在人际关系运动中,为了平衡科学管理理论家们强调的个人努力和个人竞争,"合作"被突显出来,正式的团队研究也就由此发端;到20世纪四五十年代,管理理论的关注焦点逐渐转移到人际关系和合作技能的开发和训练上;20世纪60年代是组织理论发展的时期,主张通过对工作小组和组织的干预,强调团队效能和领导效能;20世纪七八十年代,来自日本和其他国家的竞争导致了对参与型管理、员工参与和通过团队作用改进质量的重视;20世纪90年代以后,团队研究兴趣的中心转移到高效能团队上,注重研究设计产品、服务客户以及改进质量,力求使组织在全球经济中保持竞争优势。

以上是对团队管理理论的一个简要的梳理,目的是要告诉大家,团队效能的研究是目前团队管理研究的热点和前沿问题。作为一个团队中的首席,你的主要工作就是鼓励自己的集体成为一个富有活力的、目标明确的成功团队,我们把这些团队称为高效能团队。在一个高效能团队里,团队成员对质量负责,并且能够取得最好的工作成果。

有研究显示,大部分高效能团队有以下九个特征:

1. 共同的目标。高效能团队都有明确的工作目标和任务,成员们都知道团队存在的价值和团队共同的期望。

2. 认真的计划。高效能团队都是精心组织、精心计划的。为了达到一个特定的目标或应对特殊的挑战,团队要进行详细的规划。这方面的内容我在讲"团队设计"时已经和大家讲解过。

3. 明确的角色。高效能团队都有明确的角色和责任，团队成员明确自己的角色和任务，并且知道自己将如何影响团队；团队成员之间有着清楚和明确的界限。关于团队角色问题我在"团队基石"一课中和大家分享过。

4. 有效的沟通。成员间能够定期进行沟通与交流，可以面对面交流，也可以通过电话或电子邮件等进行交流。对于一些不能够参加团队会议的成员，也应设法让他们了解团队的工作进程。关于如何更好地进行沟通，我将会专门和大家分享。

5. 开明而又乐于助人的领导。研究显示，团队领导以教练身份而不是管理者身份领导团队更有利于形成一个积极的、富有创造力的团队。这些领导注意防患于未然，愿意承担责任，能够给予团队及其成员积极的影响；管理者一般是在前面拉着一个团队前行，而教练则是在背后推着团队向前；管理者是设法控制群体，而教练则是尝试放弃控制。关于如何做好团队领导，我也将专门和大家讲。

6. 高超的团队合作技能。在团队中最基本的技能包括：倾听他人，了解他人的需求，参与互动活动，在别人需要时自愿帮助别人等。

7. 团队内的信任关系。关于团队信任我已经和大家分享过。

8. 责任感。高效能团队明白它们所承担的责任以及责任的重要程度。团队从学校接收了工作信息，弄清达到目标的关键所在；团队成员既对自己负责，也对整个团队负责。

9. 奖励制度。学校除了奖励个人的工作业绩以外，还奖励整个团队的业绩，这也是形成高效能团队的条件之一。在一所倡导团队合作理念的学校，就会在各种各样的工作环节中支持和奖励团队工作，从而使团队效能更高。

以上我讲述了团队研究的结果，符合九个特征的团队就是高效能团队，在这样的团队中，团队成员既要为了团队的利益而努力工作，又要保持相互独立，他们在最低限度的干预下自觉完成工作，并且把完成团队工作视为每个人的责任。

作为团队首席，我们怎么才能使我们领导的团队运行得更有效能？我有以下一些建议供大家参考：

1. 请务必建立信任关系，唯有信任才有团队合作。

2. 请务必坦率地处理冲突。不要害怕冲突，不要试图回避矛盾和问题；当发生问题之后，要与团队成员一起以一种建设性的、双赢的方式来处理冲突；在处理冲突的时候要坚持原则，要把个人利益放在一边，在尊重自己也尊重他人的情况下解决冲突；应该让所有的人畅所欲言，不应该对谈出自己看法的人施加压力，更不应该抵制或嘲笑他。

3. 请务必同时关注过程和工作结果。团队工作不仅仅为了追求某个具体的工作结果，它还涉及达成工作结果所采用的方法，以及人们在一起合作和工作的过程。如果团队成员在某些问题上不能达成一致意见，即使最后勉强作出决策并得到了预期的成果，有时反而给下一次达成良好的工作目标造成了隐患。

4. 请务必鼓励团队成员的积极参与。决不能为了节省时间而不再与大家商议问题，不要因为别人不如你能干而大包大揽。你必须让大家都来讨论所面临的问题，让大家一起来承担各自在团队内或者某项工作中的角色、责任；你要通过检查团队成员的工作进度和参与程度，以确保所有的成员都能为团队作出贡献。更重要的是，你要努力创造一种畅所欲言的氛围，这种氛围下，团队成员能够积极地参与、勇敢地承认错误，并且愿意与他人分享自己的观点。

5. 请务必给予有效的反馈。反馈是需要一定的技能的，关于如何有效地反馈，我将专门和大家讨论。你会知道有效反馈对于一个团队有多么重要。

6. 请务必不要放弃任何一个成员。你要善于与业绩欠佳、工作不够努力的成员合作，如果在你的团队中出现了偷懒的人，应该立即与他们进行沟通，最好是一对一的沟通。你要帮助他们而不是放弃他们，只要你放弃一个，你会发现，团队从此开始瓦解。你可以给这些团队成员分配一些特别的、容易控制的任务，无论怎么做都不能不理他们，任由他们在团队内起不好的作用的话，你在团队内所做的一切努力都将是徒劳的。

好了，今天这堂课讲到了高效团队的九个特征和组建高效运行团队的六条建议，下面就团队效能问题展开讨论。

· · ·

问 您提到"高效能"团队需要高超的合作技能，我非常认同，因为合作不仅仅是一种意识，也是一种技能。而我们其实都没有经过专门的合作技能方面的训练，您能再具体讲讲这方面的内容吗？

答 说实话，我本人从小到现在也没有经历过系统的合作技能方面的训练，历来我们都是在鼓励竞争的环境下长大的。长期来我热衷于课堂合作学习的实践和研究，大家知道课堂的合作学习是建立在合作基础上的学习，特别强调合作技能，在这里我梳理出一些用于课堂合作的技能供大家参考。主要分为三类：

第一类，组成小组的技能。包括：向他人打招呼问候；自我介绍和介绍他人；对人讲话时称呼对方的名字；发言完毕要告诉大家"完毕"；结束小组活动时要说"再见"等。

第二类，小组活动的技能。包括：表达感谢，对感谢的应答；倾听；赞扬，对赞扬的应答；耐心等候，尽量不让他人等候；求助，提供帮助；道歉，接受歉意；鼓励他人参与，对鼓励参与的应答；提问，对提问的应答；拒绝，对拒绝的应答；给予指令，按指令去做；有礼貌地打断别人讲话，有礼貌地接受被打断；用幽默的方式帮助小组继续活动；向对方作出解释，接受对方的解释等。

第三类，交流思想的技能。包括：提建议，对建议的应答；询问原因，提供原因；寻求反馈，提供反馈；批评，对批评的应答；有礼貌地表示不赞同，对不赞同的应答；检查对方听得是否准确；检查对方理解是否正确；说服他人；与对方达成妥协等。

我想课堂中孩子们的合作与我们成年人在团队中的合作应该是一致的。

问 您提到高效能团队的第八个特点是"责任感"，我觉得这一点非常的重要，因为强调团队合作很有可能削弱了人们的个人责任感。

答 这个问题非常值得大家讨论。因为我们在课堂合作学习中也发现，强调了小组合作之后，一些学生开始"搭便车"，反而削弱了他们的学习积极性，所以我们必须应对这个问题。

具有工作责任感的人，他们能够认识到自己的工作在学校（团队）中的重要性，能把实现学校（团队）的目标当成是自己的目标，并愿意承担起相关责任的人。也就是说，首先他们对工作内容、工作权利和职责有清晰而深刻的认识，他们了解自己所从事的工作对实现学校目标的重要性；其次他们从工作中寻求自身的价值和满足，完成工作能给他们自己带来巨大的满足感和优越感；其三，他们把工作当成是自己的事业来做，愿意把学校作为发展自己的舞台。

责任感非常强的团队成员，他们能够与全体团队成员共患难，在团队需要时愿意"自我牺牲"；他们懂得自己的工作对整个团队运转的重要性，热爱自己的工作，能够倾情投入；他们能够不拘泥于自己的工作职责，心怀团队全局；他们对工作一丝不苟，有始有终，不会轻易把工作转交他人。

而那些责任感不足的团队成员，他们仅仅把工作当作谋生的手段，对他们来说，工作本身无法体现自身的价值；平时他们得过且过，对于工作任务，仅仅是机械地去完成，缺乏主人翁的精神，计较个人利益，不愿意承担相关的责任；对待工作，以基本完成为标准，缺乏力求完美的决心。

那么，作为团队首席，我们如何提高团队成员的工作责任感呢？我想在这里要跟大家说几个"一"，供大家参考："给一点时间"，让他自己去安排；"给一点权力"，让他自己去选择；"给一个困难"，让他自己去解决；"给一个机遇"，让他自己去抓住；"给一个岗位"，让他自己去锻炼；"给一个伙伴"，让他自己去合作。

实际上，我说的那几个"一"只是一句话，就是要给团队成员自由空间，因为缺乏责任感的原因虽然有很多，但是其中最重要的一条就是没有将自主权还给他。我坚持认为，人们骨子里还是愿意为自己的工作承担责任的，而一旦对自己的工作缺乏支配权，那么就只能消极应对了。

另外，团队首席要注意以下几条，可能也会有助于提高团队成员的工作责任感：

1. 清晰地传达对于每个人的期望。你对他期望越高，他的行为表现将越良好，也更富有责任感。

2. 对工作充满热情。团队首席自己对工作的热情，能够积极地影响团队成员的行为表现。

3. 要让每个团队成员对自己的工作结果负责。即使强调团队合作，也要精确计算每个人的贡献和成就。

4. 每次布置任务都要说清楚具体要求和最后的期限。

5. 必须了解团队中发生的一切，了解每个人的动态，他们正在做什么以及做到什么程度。

6. 热情地指导，给予缺乏责任感的人热情指导，但是一定不要替他做。这会激发起他的个人责任感。

9. 优秀成员

先有优秀的成员还是先有优秀的团队？

我想，优秀的团队成员才是优秀团队的基础，因为团队都是由个体构成，团队的建设需要靠团队全体成员的共同努力。因而，在团队工作的开展过程中，唯有每个团队成员都能主动地、有意识地锻炼自己的优秀品质，积极为团队贡献自己的力量，团队才能真正走向卓越。

确实有一些不良的品质在妨碍他们成为优秀的团队成员，甚至可能成为团队的敌人，他们：

1. 缺乏自信。不仅自己缺乏自信，还把消极情绪传递给别人，使整个团队士气低落。

2. 非黑即白的简单化思维。思维的简单化只会增加团队冲突的可能，并且使团队总是在一些复杂问题面前退下阵来。

3. 无止境的追求完美。那些完美主义者总是挑剔别人的工作，甚至诋毁别人的努力，他们因为追求完美反而常常毁坏了原本很美好的事物。

4. 无条件的回避冲突。如果不能正视问题的存在，那么问题将永远存在。一些人习惯于做"鸵鸟"，他们视而不见，而终于会被更大的问题击倒在地。记住，我们可以妥协，但不能回避。

5. 不能容忍不同意见。专横跋扈会瓦解团队的凝聚力，专制之下的团队只会是一盘散沙。

团队首席不仅要防止团队成员的不良品质，还要采取有力措施制止破坏团队有效性的言行，比如：随意打断别人说话或者替别人说话；对某一现象做琐细的分析和过度解读，过分注意每一个细节；纠缠不清，转移话题，重复旧的争论，不让群体作出决定；不参加到团队任务中，待在团队的边缘，拒绝同其他人打交道，但却享受团队成果；对超出预期的工作成就冷嘲热讽，恶意揣摩努力工作的人的动机；吹毛求疵，看不到别人观点中的优点，过分苛求别人；在信息共享之前，在目标没有陈述之前，在没有讨论各种选择之前，或者问题还没有界定之前，就作出了决定；习惯于呈现观点而不是拿出事实和数据，甚至于把自己的观点当成了事实；为反对而反对，拒绝某一观点是因为反对观点的提出者，而不是因为观点的价值性；凭借优势地位或者头衔让别人接受自己的观点，而不是通过讨论；阻碍任何试图改进工作的努力，对于其他成员提出的所有建议都持否定意见和消极态度。

我认为当团队存在这些现象时，团队领导应该及时制止，我认为制止这些不当言行应该成为团队首席的首要职责。

因为团队同时面临着两个主要的挑战，一是完成工作任务，二是在团队成员间建立合作关系，因此，优秀的团队成员也可以分为两类：任务促进角色和建立关系角色。也就是说，优秀的团队成员可以是能促进任务完成型的，也可以是促进关系建立型的，最了不起的当然就是两者兼备型，既能完成任务又能建立关系。

所谓任务促进角色，是指那些能帮助团队完成任务和达成目标的人。他们能在团队成员迷茫的时候给出方向；他们能发现问题和提出问题；他们提供数据和事实，作出判断，得出结论；他们补充其他人的观点，解释或者举出例子；他们会鼓励团队其他成员一起完成任务和团队目标；他们会经常根据标准评估自己的团队，衡量自己所在的团队是否获得成功；他们会考察提出的观点是否是现实可行的；他们会帮助强化团队的规则，强化标准；他们善于把团队中的观点综合在一起，帮助团队成员理解已经得出的结论。

当完成目标的过程很慢时，当团队偏离主要任务时，当任务很复杂很模糊不知道如何前进时，当时间很紧迫时，当没有人推动团队完成任务时，你就会发现这些角色是很重要的。

所谓建立关系角色，是指特别善于化解人际矛盾而激发周围人努力工作的人。他们对人友好，总是乐于帮助别人并给予他人充分的赞赏；他们能让周围人觉得很轻松，因为他们能运用幽默来缓解人们的压力；他们不能容忍"非生产性"或者"破坏性"的行为，保证团队中的合适行为；他们激励其他人，传播热情和正能量；他们帮助其他人学习、成长和成功，他们善于指导团队成员的工作；他们能引导大家达成意见的一致；他们其实并不是不在意工作任务的完成，而是起到了粘合剂的作用，从而帮助团队的工作更为有效。

以上我说的这两种团队角色都是优秀的团队成员，我们希望团队成员既能促进工作又能促进关系，但这却往往不可兼得。我们不能苛求每个团队成员都做到两全，问题的关键是任务促进角色和关系建立角色要在一个团队内取得平衡，这就希望团队领导者在此发挥特有的平衡作用了。

下一讲，我要与大家谈谈团队首席的能力问题。

· · ·

问 有些优秀的团队成员，他们属于任务促进角色，显然他们是以工作为中心的，他们可能"目中无人"，因为他们过于注重工作任务的完成。他们会不会无止境的追求完美，而成为一个完美主义者？在您看来，完美主义者是团队的敌人吗？

答 并不是所有的任务促进角色都是完美主义者，但是显然任务促进角色更容易成为完美主义者，当那些完美主义者总是挑剔别人甚至诋毁别人的时候，他们才成为团队的敌人。想想也挺有意思，有些人恰恰因为追求完美而毁坏了美好的事物。

其实完美主义者并不愉快，压力和焦虑是完美主义者的通病。因为他们总要把事情做到最完美、无懈可击了才心满意足。可是，无懈可击的事却似乎永远没有。为此，对任务促进角色型的人，我有以下几条忠告：

1. 可以将工作作为中心，但是请不要把工作目标放在自身的成长目标之前考虑。工作上的成就固然重要，但是从工作中获得成长的机会更重要。所以，即使工作上不完美不如意，自身成长发展了也是一件大好事。

2. 不要试图为根本达不到的目标烦心。人的力量是有限的，个人的力量有限，团队的力量也是有限的。

3. 不要远离精神生活。眼睛里不能只是在世俗世界里的那点成就，还要有情感、价值、信仰等精神性的目标。

4. 不要远离朋友。工作之余要多与朋友们在一起，他们会与你分享，无论是喜悦还是哀伤。

问 建立关系角色型的人给人带来正能量，我也确实感受到身边有些人特别能给他人带来欢乐，与他们在一起我会感到很舒适。我很羡慕他们，可惜我做不到，您说我怎么做才能让身边的人愉悦？

答 其实我和你很相似，我也不是一个人缘好的人，不是那种在第一次交往中就能取悦他人的人，我做不到左右逢源。但是，与他人保持良好的人际关系又是我们获得成功的基础，即使我们都属于任务促进角色，可是不等于说我们就不能让对方在我们面前更放松，更快乐。

我越来越觉得，取悦他人，并不是去拍马奉承，也不是违心恭维，更不是逞强卖弄，让他人愉悦应被视为一种礼貌，一种气度，一种聪慧。

取悦别人的通行法则就是"自己希望别人怎样对待自己，自己就怎样去对待别人"。有时候，别人的一个微笑、一束鲜花、一句问候、一声称赞、一次帮助，都能让自己高兴，那么我们也可以用这些方法让别人高兴。

我们喜欢别人赞美自己，那么，我们也可以赞美他人，尤其是赞美对方较不易为人所知的优点。每次见面都找出对方的一个优点来赞美，可以很快地拉近彼此间的距离，而如果能找出对方较不易为人所知的优点，则往往可以使对方感到意外的喜悦。记住对方的兴趣、嗜好或计划等，再找个机会赞美他一番，是让对方愉快的好方法。

我们喜欢别人重视自己、在乎自己，遇事都能先征求自己的意见，那么，我们也可以重视对方、在乎对方，遇事也先征求对方的意见。

我们喜欢别人对自己开诚布公，那么，我们也要对别人开诚布公，增加自己在他人面前的"自我开放"的程度，有利于与对方建立亲密的关系。

我们喜欢别人把自己放在心上，那么，我们也要把别人放在心上，因为每个人都觉得自己很重要，每个人都希望被别人认为很重要。多请教对方擅长的事，可以让对方感觉自己很重要；关心对方所关心的事，可以让对方感觉自己很重要，关心他的利益、健康以及家人近况，只要对他的关心表现出足够的关心，他就会把你当成自己人；欣赏对方所欣赏的事，真诚地欣赏对方某方面的表现，他一定也会欣赏你，将你当成他难得的知音。

总之，我们这些业务还算不错的任务促进角色，往往会有些高傲和任性，把优越感收起来吧，不必时时处处试图证明自己的高明，这会让别人不舒服。

10. 包容能力

之前与大家谈优秀团队成员的品质，也特别谈到糟糕团队成员的一些表现，大家对无法融入团队的"害群之马"深恶痛绝。不过我这里要提醒各位的是，团队首席千万不要成为"害群之马"，因为往往团队效能低下，罪魁祸首不在一般教师，而在团队领导。

团队领导特别容易破坏团队和谐，因为团队领导往往就是由你们这些特别优秀的教师担任，如果你们自以为优秀而瞧不起别人，对团队事务大包大揽起来，搞起个人英雄主义，甚至排斥异己，打压团队内能干的同事……总之自以为很优秀，又不能包容别人，导致团队分崩离析，实在是团队领导的"罪过"。

要打造高绩效的团队，团队领导怎么防止自己成为阻力，这是今天我们要讨论的问题。有时候我们不能建设好一个高绩效的团队，主要原因未必在学校环境，或者也不在团队成员，而在我们自己，我们要经常问自己，要成为真正团队中的首席，究竟还有多少距离。

作为团队首席，我认为最重要的一项能力就是包容。你允许别人有与你不同的观点吗？允许教师们有与你不同的观点吗？

为什么允许别人的观点与你不同？那是因为即使你再聪明，也不能保证你的决定都是正确的，我们每个人都应该知道"敬畏"，即使在一些貌似简单的问题上，我们也未必就一定能回答好。

在一些教育的基本问题上，我们的分歧可能是长期的，比如，到底社会准则的规范性与个性发展的自主性之间哪个更重要？社会要求的统一性与个体成长的多样性之间的矛盾如何化解？教育者的权威性与受教育者主体性之间到底应该倾向于哪一方？认知—思维与情感—体验这两个过程之间的复杂关系我们应该如何理解？既然我们无法为这些简单问题进行简单的判断，那为什么不允许人们都拥有自己的观念呢？为什么一定要将你的观念强加给别人呢？

除了思想观念，教师作为一个"人"，本身具有多样性。作为团队首席，理解和管理那些与自己相似的人是一项挑战，而理解和管理那些与我们有差异的人更加艰难，更何况他们之间还各有各的不同。你绝不能假设所有团队成员想得到相同的东西，都会以同一种方式行动，更不能假设存在着一种方式，用这一种方式来对他们进行管理就一定会非常有效。多样性对团队的构成是一件好事，而针对多样性的团队成员却使用同一种方式进行管理，只会引发不信任，甚至导致成员对你的反抗。相反，如果教师们相信其差异性得到了你的接纳和赏识，那么他们对团队会更忠诚，团队氛围也将更健康。

我们该如何重视多样性？我有以下一些建议：

1. 从内心的最深处接纳所有的同事。

经常自我审视自己的内心和思想，从根本上消除偏见，哪怕这些偏见仅仅是潜在的。你不要在乎别人的意见和自己不同，消除了偏见，你就更愿意敞开心怀接受新思想，能够容忍偏激和善变的意见。无论年龄、性别、容貌、恩怨还是对你的服从性，都不应该成为你判断其行为过程和行为结果的前提，这样你才能做到公平和公正。

2. 尊重每个人的个性。

什么是个性？个性就是一个人区别于其他人的非模仿性风格，个性源于教师的立场、观点、方法，以及他的情趣、气质、性格等，个性有很强的稳定性，因而是很难改变的。当一个人个性越强，则越能够形成教学风格，就越可能有所创造而成为名师名家。之前我与大家讨论过个人理论问题，教师在采取教学行动时，总是受某种内在解释框架的指引，这种内在的解释框架便是教师的个人理论，一个教师个性很强，往往更容易形成个人理论。

可是你要做好思想准备，那些个性强的教师不那么好管：也许他们天生不合群，也许偶尔犀利的言语会给群体内带来一些消极的影响。你恨不得永远见不到他们，可是，在你的团队内，你不得不每天与他们交往。虽然他们不是举足轻重的人物，可是偏偏在团队内的影响力丝毫都不比你差。我要提醒你的是，要提高自己的包容能力，就得从包容个性强的同事开始，或者说所谓的包容能力强主要就看你是否能包容个性强的人。你的包容能力只有在实践中才能得到真正的提高。

既然你成为了他们的领导，你就有责任赢得他们的信任；你不必改变他们什么，但是你完全有理由像关心其他同事一样关心他们。记住，用孤立和冷落的办法对待他们只会适得其反。你也不能对他们过分的热情，因为过分的热情只会让他们小看你是个"俗人"；千万不要让他们觉得你是为了某种目的而想和他们交往，否则他们会认为你是一个十分虚伪的人。

3. 原谅别人的错误。

每个人的身上总有几处大大小小的缺点，如果你总是嫉恶如仇地猛盯着那些缺点看，心中充满了憎恶，那是不宽容。宽容的人会假装看不见那些"脏污"的地方，设法往好处看，只要瑕不掩瑜，你的心中自然就充满了喜悦。

人们往往只看得见别人的过错，看不见自己的缺失；人们总是反驳别人的批评，斥责别人的无知，不会或者很少检讨自己的思想和行为。我们总想在人前拼命维护自己"永远正确"的形象，却从来不会提高自己在别人心目中的地位。所以，要像原谅自己一样原谅别人，像批评别人一样批评自己。

平时要千方百计地避免羞辱到他人，要确定自己给予他人"自己所期望"的同样待遇，得理不饶人的结果只会是两败俱伤。而当自己面对屈辱的时候，如果采取忍让之道，则会海阔天空，甚至要坦然接受屈辱，在心中默念：我的立志愈高，所遇到的困难就愈大。苦难是一种考验，它选择意志坚韧者，淘汰意志薄弱者。

一定要避免公开批评他人，这样的行为应在私下或一对一的基础上进行，要远离其他成员听力所及的范围以便不使任何一方感到尴尬。公开批评一个人所传达给其他团队成员的信息是——他们可能是下一个，因此可能使大家都感觉恐慌而站在被批评者一方，即使被批评者确实是错误的。

你不必太追求完美，对人对己都是如此，生命就是一段充满缺陷的历程，因为有了残缺，我们才有梦，有希望。

4. 少一些计较，多些糊涂。

事实上不存在绝对的公正性，你常常会觉得世界对你不公，很少有人会认为自己获得了公正的对待，人们对公正性特别在意，这几乎是人的痛苦之源。你不要怕吃亏，你要学会用外在的吃亏来换取心灵的平和与宁静；做人就应该懂得适时转弯，做一些反向思考，给自己创造一个适合自己的环境。

不要总在人前显示自己的高明，事事计较到头来反而让自己寸步难行。你只要在大事上、原则上保持清醒头脑就行，至于那些芝麻绿豆的小事，能糊涂则糊涂些。聪明的人表面糊涂，实则内心清楚明白，这是一种更为高明的处世艺术。糊涂无疑可使我们心境平静，无欲无贪。

5. 错过了就错过了，千万别后悔。

每个人都想让此生了无遗憾，谁都想让自己所做的每一件事都永远正确，可是这只是一个美好的幻想，是美丽的泡沫。因为你总想着以前的遗憾，结果就被后悔所纠缠，从此一蹶不振、自暴自弃，那简直就是蠢人之举。要舍得放下，舍得放弃种种往事，舍得放弃对权力与金钱的角逐……如果放不下，那么就只能用生命作为代价，透支着健康与年华。放下，是一种觉悟，更是一种心灵的自由。

最后，我做一个小结。今天我主要讲团队首席的最重要的一项能力，那就是包容。包容是一门艺术，是一种精神的凝结，是人品中善良的升华，是人性至美；包容是一种境界，要达到这种境界，就必须有一份坦荡和一种气概；包容别人是一种幸福，能让别人心存感激更是一种幸福；包容更是一种能力，一种在生活和工作中千锤百炼的结果，是一个团队首席最亮的底色。

· · ·

问 您给我们的建议太重要了，只有包容所有人，才能发挥每个团队成员的积极性。在日常的与人交往活动中，包容对方，有没有具体的办法？

答 我的窍门就是努力寻找和对方的共同点，而不是不同点。因为一旦形成了找不同点的习惯，就不会设身处地地为他人着想，自然就会变得不宽容。所以，我只要与人交谈和合作，就先设法寻找我与他的共同点。有研究显示，人们能够亲密交往的主要原因是因为交往双方存在共同点。我觉得包容也许还不是团队首席的最高处事境界，最高境界应该是"兼容"，不是我"包"对方，不是宽容对方，而是充分地尊重对方，与对方共处，发挥各自的长处。

问 作为教研组长，我经常要鼓动组员去做某些事。对不同的人，我们应该用不同的方法，您在这方面有什么好的方法？

答 我们不要试图去改变他人，这个人已经长到四五十岁了，之所以成为现在的他（她）是有充分理由的，你不可能改变其"理由"。我们谈"包容"也好，"兼容"也好，都是要强调将我们的管理建立在对个性差异的尊重的基础上。

为此，我们要对团队成员进行一些人格分析，有研究表明，从人格的角度进行分析，团队成员可以表现为四种类型：指挥型、关系型、智力型、工兵型。

指挥型的团队成员，喜欢以自我为中心，能够承担自己的责任，对管理他人感兴趣，但不是个人主义者；他重事不重人，公事公办，务实而讲效率，喜欢奖赏；他重视结果，懂得竞争，以成败论英雄，轻视人际关系。

鼓动指挥型的人，你要注意的是：

1. 别试图告诉他们怎么做。因为指挥型的人有自己的主意，他们倾向于告诉别人怎么做，而不是让人来告诉他们怎么做。对他们进行指导时，你要使用较为委婉的话语。

2. 让他们按照自己的方式行事。指挥型的人总是认为自己的想法是对的，不妨让他们按照自己的想法做事情，如果他们能够达到预期的目标，就给予正面的鼓励；如果不能达到预期目标，让他们找出自己的失误之处，并提出改进的措施。

3. 让他们承担需要高效率完成的任务。指挥型的人比较注重效率，你就得给他们分配需要高效率完成的工作，有利于调动他们的积极性。

4. 鼓励竞争。指挥型的人重视工作结果，他们喜欢竞争，可以利用他们这一特性，调动他们的积极性。

关系型的团队成员，他们重人不重事，善于处理人际关系，比较随和乐观，很少盛气凌人；优柔寡断，希望别人关注他们，没有观众，他们是不能努力工作的。

对关系型的团队成员，你应该多关心他们的个人生活，给他们安全感，要及时与他们沟通，在安排工作时，强调工作的重要性，多表扬他们对团队作出的贡献。尤其是要给关系型的人以安全感，因为他们对人际关系特别敏感，假如你疏忽了这点，他们可能觉得你对他们产生了不好的看法，他们可能整天发愁，"他是不是瞧不起我？"所以，你要让他们感觉到你是他们的朋友。另外，在安排工作时，指明不完成工作对他人的影响可以让他们为关系而努力拼搏。

为了争取一个关系型的人与你合作，你在对他们说话时要表现出热情和激动，不要吝惜表扬。但是也不要与他们的关系过于亲密而形成酒肉朋友，导致公私不分，影响正当的工作关系和交往，使自己处于被动的局面，从而对其他的员工没有说服力，失去领导力。

智力型的团队成员，偏好思考，富有探索精神，对事物的来龙去脉总是刨根问底，乐于收集信息，不讲究信息的实用性；工作起来条理分明，但过分注重细节，常常因局部小利益而造成全局波动；他们是完美主义者；他们懂得很多，但是不懂的更多。

对智力型团队成员，你要多与他们探讨问题，让他们自己来制订方案。智力型的人喜欢提出解决问题的办法，你可以先让他们自己制订方案，然后你再对方案进行审查和修订，最后把方案返还给他们，再次与他们一起探讨方案修订后的效果，这是对他们的信任和认同的一种表示。要注意的是，你千万不要试图说服他们，因为智力型的人有探索精神，他们较难接受别人的想法。如果他们的想法不会影响到工作，那么，别指望说服他们改变想法，因为你可能需要很多时间和精力。

鼓动一个智力型的人，你在与他们交流时必须有充分的准备，要有事实和数据的支持，避免空谈观点和意见，不要让他们总处于思考阶段，要坚定地下达目标。另外不要让智力型的人说服你，导致你脱离实际。

工兵型团队成员，他们是天生的被管理者，忠诚可靠，但缺乏创意，他们乐于从事单调重复的工作，因为这样他们感到心里踏实；他们遵守规章制度，善于把握分寸，喜欢在旧环境中从事熟悉的工作，能弄清职责的权限，绝对不会越线；他们只做分内的事，不愿指挥他人，而且也只要自己应得的那份报酬。

对工兵型的团队成员，你只能替他们拿主意，直接为他们作出决定就可以了，你要经常鼓励他们，但在他们遇到困难的时候，不要强迫他们勉强他们。工兵型的人之所以愿意听别人的安排，原因就在于他们缺乏信心。困难可能会使他们没有信心继续下一步的工作，他们面对问题，会困惑不安，也不会主动向别人请教，而是一个人钻牛角尖。作为团队领导，你要经常鼓励他们，并提供相应的帮助。

II. 受人欢迎

与一般的行政干部不同，团队首席每天与团队成员在一起工作，你的一举一动大家都看在眼里，你"无处可逃"。对团队首席来说，不要做一个令人畏惧的人，而要成为一个受人欢迎的人。不过我这里要声明一下，受人欢迎并不意味着就要放弃原则而取悦他人，我们要让更多的人欢迎我们喜爱我们，但是要以彼此尊重为基础，也许什么都可以失去，但是不能失去团队成员对你的尊敬。

受人欢迎的人又被称为"人缘好"，有着受人欢迎的个性特征，是别人乐于接受并与之交往的人，心理学上称为"人缘儿"。在佛教里有"因缘际会"之说，可能比较神秘，我想把一些关于"人缘"的研究结果与大家分享。

有研究表明，在团队内受人欢迎的人一般具有如下特征：他们平时将倾听看得比表达还重要，他们尊重别人的隐私而显得很可靠，他们不过分谦虚显得很实在，他们犯错误时勇于承认错误并坦诚道歉，他们不为自己的不当行为找借口，他们不过分讨好别人，他们珍惜自己和别人相处的时间。关于以上这些研究结论，我不多解释了。下面我想谈谈自己的一些体会。

我认为要有好人缘，语言表达能力太重要了，或者说，好人缘是"说"出来的。因为人际交往不外乎言语和动作，一切的人情世故，一大半体现在说话当中，如果想有个好人缘，就要巧妙地驾驭和运用语言这个工具。作为团队首席，你要与你的上级沟通，与团队成员沟通，与其他团队首席沟通，这些都需要良好的语言表达能力；而在工作中化解矛盾，消除隔阂，也得靠恰当的语言。

作为团队首席，建议大家要常用"我们"二字，如果总是说"我的"、"我要",会给人自我意识太强的坏印象,人际关系会因此受到影响。善用"我们"来制造彼此间的共同意识,对取悦他人、对促进我们的人际关系将会有很大的帮助。

但是,不要认为练嘴皮子就能提高语言表达能力,关键是要练"心",也就是心中有他人,要能在理解他人的基础上进行表达,你的表达才会受人欢迎。洞悉他人心里所想,了解和理解他人的情绪、感觉和愿望,理解并适应别人的情绪,根据人们的情绪来区别对待,这些都是你正确表达的基础。

那么,怎么才能更好地理解他人?我认为认真倾听是唯一的办法。一个以自我为中心的人总是安不下心来听别人说什么,他总是打断别人的话题而设法使自己成为话题的中心。作为团队首席,要花更多的时间去倾听而不是去述说。

倾听是一种能力,因为一般人思考的速度是说话速度的 4 倍,这就使我们的大脑每分钟有 40 秒可以分心想其他事情,而不是听别人正在说什么,所以倾听说起来容易做到却很难。有效的倾听要求我们必须有开放而积极的态度,理解和认可他人,敏感并且专注。有效的倾听意味着你心里或者口头上在回应他人,意味着即使你并不同意他们的意见也会承认对方的意见与建议的价值,意味着你能尊重对方、包容对方。

倾听了才能理解,而在理解的基础上,你能不能有效地帮助别人呢?一些团队领导,在自己是普通团队成员的时候很受人欢迎,甚至当初就是被大家合力推举上去的,可是一旦成了"长",渐渐地就遭人"唾弃",主要原因就是将自己的角色转变成了一个团队监督者和评价者,而忘记了自己应该做好帮助者和促进者的工作。人是需要关怀和帮助的,因为你是团队领导,你已经站在了一个相对有优势的位置上,就要以助人"为乐"了。

帮助别人不一定是物质上的帮助,简单的举手之劳或关怀的话语,就能让别人产生久久的激动。如果你能做到帮助曾经伤害过自己的人,不但能显示出你的博大胸怀,而且还有助于"化敌为友",就是为团队营造了一个更好的人际环境。

人人都喜欢和机智风趣、谈吐幽默的人交往,而不愿同动辄与人争吵，或者郁郁寡欢、言语乏味的人来往。对团队首席来说幽默感很重要，幽默感可以说是一块磁铁，强烈地吸引着大家；幽默感也是一种润滑剂，使烦恼变为欢畅，使痛苦变成愉快，将尴尬转为融洽。

关于人缘问题我也只能说到这里，下面自由讨论。

· · ·

问 您讲"做受人欢迎的人"，我觉得讲得比较抽象，能不能再具体些，给大家一些方法。

答 说实话，我真的没有什么太具体的方法教大家，反正这是一个与个人性格、修养有关的话题，而不仅仅是一种技能。不过，大家都会普遍喜欢一些人，他们身上具备一些特质，这还是有目共睹的。我的直觉告诉我，一群人中有些人特别能成为大家的中心，不论在什么场合，总是某些类型的人特别讨人喜欢，我说出来大家可以讨论一下：

1. 好看。喜欢美好的事物本来是人的天性，美丽的人到处被人簇拥。美丽的外表、漂亮的穿着打扮能让人赏心悦目，也是吸引人的重要条件。如果你认可这一条的话，那你就多花点时间把自己弄得干净些漂亮些，我们能不能自我改进一下。

2. 开朗。乐观态度，不自觉地就会感染到周围的人，大家不由自主地就去接近他。如果你认同这一条，那么你就不要整天愁眉苦脸，一副苦大仇深的样子。

3. 亲切。爱摆架子的人，人人都会敬而远之。你要是认同这一点，那就随和些吧，把你高贵的头颅放低些，再放低些。

4. 幽默。人人都喜欢逗人开心的人，那你就学习培养自己的幽默感。

5. 热心。热心的人，在大家需要帮忙的时候，能挺身而出。你认同的话，那么就不要太计较个人的损失了，大度些。

问 我想问的是，怎么才能有幽默感，我也喜欢有幽默感的人，可惜我没有。我觉得我们现在好像都活得很沉重，如何更有幽默感呢？能培养吗？

答 我从小就是一个比较刻板的人，以工作为中心的人多半比较无趣，后来我就自己培养自己，一开始我是主动去寻找幽默的素材，平时多看看幽默故事，看看喜剧演员的表演；还有就是练习微笑和大笑，不要觉得难为情，哪怕在公开场合也不要太拘谨，该笑的时候就放声去笑吧。

我觉得那些有幽默感的人都有很开阔的知识面，所以平时要多看书，多看一些闲书，多看一些"无用"的书、轻松的书，尤其是历史书。看书还能培养深刻的洞察力和机智、敏捷的思维能力，而幽默感正是这些能力的体现。

幽默感强的人都有一种说笑话的心理定势，好像他们随时准备说笑话让大家高兴。我们要培养一种态度，就是对你正在做的事情采取一种开玩笑的态度，哪怕这件事看上去比较严肃。

我有个小窍门，就是一旦要开玩笑就拿自己开刀，最好的幽默就是开自己的玩笑，因为幽默也是对自己的弱点、怪癖以及狂热的态度的一种反思，有机会展示自己的缺陷也不错啊。自我轻视的幽默是最为安全的选择，贬低自己比贬低别人更为安全，有魅力的领导是进行适当自我轻视的大师。没有人会因为你嘲弄自己而瞧不起你，效果正好相反，人们会更敬佩你自嘲的勇气和才能。

总之，幽默感是与周围人友好相处的一种态度，只要相信这个世界是力图为自己好而不是与自己作对的，你就会渐渐幽默起来。

有效的幽默是要让别人感到舒服的幽默，是增强在场的人的自尊心的幽默；对别人的身体特征、智力或技能进行取笑只可能引发不满，而不会加强个人的魅力。所以要避免恶作剧和令人难堪的玩笑，否则会被人认为你不成熟。

对女士尽量少开玩笑，尤其是在工作场所。我们可以通过指出对方的服装或饰物上的小变化来使你受女士欢迎，对于女士的服装或随身饰物等，要随时注意，稍有变化就赞美几句，这种方法对女性尤其管用，因为女性往往比男性更重视自己的容貌与装饰，而且要夸赞女士的各种潜力，比如，与其说"你的发型很好"，不如说"若再剪短一点会更可爱！"

12. 开个好会

如果我问大家，你喜欢开会吗？我获得的答案多半是"不"。其实，我们不是不喜欢开会，准确地说是我们不喜欢被别人开会，一旦你当了领导，你也会热衷于召集别人开会的。

那么，无论你喜欢或者不喜欢，会议是一种客观存在，其存在是有理由的。对那些有价值、有意思、有必要的会议，即使你不喜欢也还是要去参加的，或者我们也得要召集别人来参加的；反之，那些没有价值、没有意思、没有必要的会议，即使你很喜欢（估计很少有人喜欢），也没有必要去参加了，或者我们就不必召集别人来参加了。

我们不能取消所有的会议，因为会议是一种管理工具，管理的层级越高，参加的会议也就越多，也就是说，"上层人物"总在开会，那是一个正常现象，而一线教师总在会议室里开会倒是有些异样了。会议上那些面对面的讨论可能成为最有效的向上和向下传达信息的重要渠道；会议也是进行决策、敦促变革和提高士气的重要工具。

当然，有效是一切会议的前提。如果会议是无效的，那就是在浪费，浪费金钱、时间，甚至是浪费生命。无效会议要额外支付大量的成本，不仅是金钱、时间和生命，还可能挫败与会者的士气。

所以，我们在这里不研究到底要不要开会的问题，而只是研究团队如何开会才更有效的问题。对团队来说，会议也很重要，我们甚至可以说团队会议是团队的心脏。团队要健康成长，心脏就必须强劲有力。

一个结构完善的会议，包括以下要点，供大家参考：

1. 有人主持和引导。任何一个会议都要有主持人，这是毫无疑问的，而主持人必须对整个会议起到引导作用。在团队内，团队首席要负起主持人的责任。

2. 时间一到立即开会。通知什么时候开会就按通知的时间开会，除非有特殊情况干扰，不要推迟开会时间。

3. 不偏离主题。主持人要防止会议偏离了既定的方向，要将整个会议引向预定的结果。只讨论与主题相关的事情，其他问题可以另行开会讨论。为此应设立明确的议题。事先就要宣布议题，议题要明确，模糊不清的议题是会议冗长而低效的根源之一。

4. 议程应获得大家同意。主持人不得独霸会议进程，而应该将进程预告给所有与会人员并征得大家同意。

5. 准时散会。控制开会时间，一般不超过 90 分钟。过长的会议影响效率，事前做好充分的准备是会议按时结束的关键。

6. 尽量达成共识和一致意见。开会是来达成共识而不是寻找分歧的，因此所谓会议的成功就是取得最大限度的一致。因此，主持人要防止有人插嘴或者打断他人发言，会议流程被破坏的次数越少越好；每个人都要仔细倾听别人的发言内容，为帮助大家集中注意力，主持人每隔一段时间就应小结一下，以提高会议效率。

7. 会后立刻公布书面的会议结果和未来的行动计划。

为确保会议有效，我们可以事先宣布若干条会议禁忌，比如：长篇大论、滔滔不绝，或沉默到底；取用不正确的资料；人身攻击；打断他人发言；不懂装懂，胡言乱语；对发言者吹毛求疵；中途离席，不告而别；吃零食、玩手机、听音乐、批作业、看报纸等。

下面我就会前、会中和会后三个方面与大家再深入探讨一下会议效率问题。

一是会前。会前的准备工作非常重要。要非常清楚地知道开会的目的。有些会议是可以不开的，一定要杜绝以下会议：

1. 为满足无聊的需要而开会。有时候，觉得大家虽然在一个校园里，可分散在各处各干各的，好久不见了，召集个会议吧。

2. 为开会而开会。历来星期四下午都要开教研组会议，这次要是不开的话会不会让领导误解，认为我们工作散漫？所以开吧。有些例会，明明最近没什么内容可讨论，但因为惯例和传统，不开的话似乎少了些什么，于是就莫名其妙地开会。

3. 因为别人都开了所以我们也要开。语文组开了，数学组开了，我们英语组是不是也要开。如果不开的话是不是就显得落后？

4. 为推却责任而开会。有些事情明明你自己决定就可以了，可你担心有风险，于是召集了一大帮人来发表意见，结果即使决策是错的，你也可以免责了。

5. 为逃避个别接触可能产生的难堪局面而开会。你害怕独自面对某个犯错误的教师，于是开会"含沙射影"、"指桑骂槐"地数落几句，结果平白浪费了所有人的时间，除了导致士气低下之外，毫无实际效果可言。

二是会中。一个好的会议应该创造一种健康的氛围，这种氛围有利于解决问题，能使与会者开放地表达他们的不同意见，大胆地发表自己的建议，从而找到解决方案。团队首席就要为创造这种氛围而努力。

会议时间与这种健康的氛围有关。作为会议主持，你一定要建立具体的时间参数，准时开会准时散会，是每个与会者最大的心愿。如果每次都等全体成员到齐后才开会，等于在鼓励与会者不守时，甚至是变相惩罚准时出席者。如果对迟到者太客气，等于鼓励这种不当行为，其他人则会误以为你不介意开会迟到。对于经常迟到者，必须以坚定的态度进行干预。

你对会议的控制与这种健康的氛围密切相关。良好的会议氛围不是自动产生的，作为会议主持你要控制讨论过程，尤其是在下列情况出现的时候，你要进行干预：当产生了强烈的有潜在破坏性的情绪时；如果讨论偏离主题时；当时间已经很紧迫，而离会议目标还很远时。作为主持人，为确保会议朝着目标前进，就要提防那些破坏会议的人。

你的鼓励与这种健康的氛围密切相关。只有当所有潜在的选项都被探究过了，团队作出什么样的决定才变得真正有价值。因此，你要鼓励和支持所有团队成员参加，要让每个人都要有所贡献，都要发言。你要鼓励大家用不同的观点看问题，鼓励批判性思维和建设性的意见。我在这里还是要强调鼓励大家参与的重要性：即使当某个人并不是完全同意大家的决定时，如果他的观点已经被充分考虑了，那么他也会更愿意支持这个决定，至少不会妨碍这个决定。所以，千万不要认为"沉默代表着同意"。

三是会后。会后要对会议进行总结，清楚地分配任务和人员，并将会议决定落实好。我认为在会议后写出一个简单的备忘录是很有必要的，备忘录上记录着每一个与会者作出的会议后承诺要做事情，记录着工作的时间节点。

总之，一个有效的会议，应该是：目标能被达成、目标能在最短时间内达成、与会者对会议感到满意。

开个好会吧，我相信你能做到。

. . .

问 在我的经验中，以前从来没有人跟我们讲过该怎么开会，您今天的内容对我们太重要了。就如开一堂课，我们都得要认真准备，在会议准备方面，您还有哪些具体建议？

答 我认为会前准备是成功会议的基础，也是会议有效性的关键所在。我建议每次会前，你都要安心地坐下来，在桌上放一张纸，写下你召集这次会议想要达到的目的和你想要采取的会议形式。写下所有可能出现的问题，要做什么样的决定，以及你在会议前所需要做的所有的事情。

在会议准备中，设置会议目标是最重要的一个环节。有些会议是交换信息，而有些会议是解决问题，各自的目标是不同的。

不仅目标不同，参与者也不同：交换信息的会议随便多少人参加都行；而问题解决型的会议一般不要超过10人，否则人多嘴杂根本无益于找到问题的解决方案。不过无论什么目标的会议，只邀请可能会对会议有贡献的或者受会议结果影响的人参加。不必每次开会全体人员都出席，结果议题与好多人都不相干，白白浪费了宝贵的时间。

有些会议讨论的问题比较复杂，比如要讨论工作计划或者总结报告，那就要提前向团队成员分发议程和相关资料，让大家都有备而来，来了就发表意见就可以了，这样就节省了会议的时间。我想你至少应该在会议前两三天前把议程和相关的资料准备好。

还有就是确定会议的时间和地点，不要忽视时间和地点问题，因为会议的时间和地点对讨论的质量有着微妙而重要的影响。如果你希望会议持续一个小时，那么会议的时间安排最好是上午 11 点开始；如果议题很复杂，那么应至少保证 90 分钟的会议时间，这样预先就要让所有成员调好课。会议地点的安排其实也都暗含着会议的正式程度，比如到专门的会议室和在自己办公室，含义就不同，会影响会议的气氛。在会议室里，你可以选择坐在主座以宣告你的控制能力，或者坐在中间位置，说明是团队中的一员。

关于如何开会，尤其是如何开展校本研修，我会专题和大家深入讨论，在此先略过。先谈这些吧。

问 您要求我们作为主持人，为确保会议朝着目标前进，就要提防那些破坏会议的人，您认为哪些人会破坏会议？

答 我们把破坏会议的人称为"会议杀手"，他们是："万事通"的人，喜好辩论的人，容易怨恨的人，多嘴的人，犹豫不定的人，没有兴趣的人，有意捣乱的人，想出风头的人，奉承阿谀的人。不过，我这里要提醒大家的是，要千万小心，不要一不留神让自己成为"会议杀手"！

13. 有效沟通

各位要将沟通看作是你的主要工作。因为团队是一个教师的共同体，共同体是建立在广泛共识基础上的，而只有通过团队沟通才能让大家达成共识。在此过程中，团队首席起着决定性作用，因为团队领导才是团队沟通的真正的中心。

什么是沟通？简单地说，沟通就是你向他人发送信息。那么，你为什么要向他人发送信息？那是因为你要在团队内发挥领导作用，就要获得反馈，或是语言上的，或是行为上的。

什么是有效的沟通？符合以下两个条件的就是有效的沟通，反之则是无效的：一是信息发送者能够完全和准确地传达思想和情感，二是信息接收者会按照发送者期望的那样理解信息的含义。总之，当沟通花费更少时间和资源的时候，就是高效沟通。

那我们如何来实现有效的沟通？

第一步，将你的思想编制成信息。就如我给大家讲解今天的内容，先要将我的想法在头脑中编成信息。

第二步，通过不同的渠道传递那些编制好的信息。有哪些渠道可以传递我的信息呢？首先是语言渠道，就如我现在正在言说；其次是非语言渠道，比如我现在的眼神、手势之类的；还有就是书面渠道，大家读我的书或者读我推荐的书。

第三步，捕捉对方的表情、动作等细微的反馈信息。如果我判断你能感知和理解我的信息，那就沟通成功了；如果发现你没有感知和理解，那我就要重新组织信息，或者改变我的信息渠道，比如原来是文字渠道传递的，现在改为语言渠道更直接地传递。

下面给大家介绍六种基本的沟通技巧供大家学习参考。

1. 消除沟通中的障碍。

有这样一则老掉牙的笑话想必大家都听过：有个人请客，看看时间过了，还有一大半的客人没来。主人心里很焦急，便说："怎么搞的，该来的客人还不来？"一些敏感的客人听到了，心想："该来的没来，那我们是不该来的啰？"于是悄悄地走了。主人一看又走掉好几位客人，越发着急了，便说："怎么这些不该走的客人，反倒走了呢？"剩下的客人一听，又想："走了的是不该走的，那我们这些没走的倒是该走的了！"于是又都走了。最后只剩下一个跟主人较亲近的朋友，看了这种尴尬的场面，就劝他说："你说话前应该先考虑一下，否则说错了，就不容易收回来了。"主人大叫冤枉，急忙解释说："我并不是叫他们走啊！"朋友听了大为光火，说："不是叫他们走，那就是叫我走了！"说完，头也不回地离开了。这个笑话说明，有时候话说得不好，容易引起别人的误解，因此我们要消除沟通中的语义障碍。

还有一些障碍是体态障碍，比如，当有人向你提出建议时，你正好在想心思、眉宇紧锁、愁容不展，就会被对方认为你拒绝采纳意见了。另外有些障碍是判断障碍，比如你认为团队内大家就是一群会抱怨的人，所以当有人抱怨工作任务完不成时，你可能充耳不闻。

2. 传递清晰、容易被理解的信息。

一些障碍很难消除和避免，那么我们可以尝试拓展沟通渠道来解决。比如，可以用三种不同的方式发布消息，不仅在团队会议上讲，同时给每个团队成员发一封信，再对个别对象进行面对面的交谈。在发布信息时，一定要保证完整性和明确性，不要对重大决策做简单的解释，在解释方案的时候尽量把背景信息告诉大家。另外，要保持信息的前后一致性，如果前后发生矛盾，就会产生误解，引发信任危机。

3. 准确接收和理解信息。

在别人发表不同意见时，要积极倾听，在倾听时，要努力从他人的角度看问题。听对方讲述观点要有表情，无论是会议还是个别谈话，你配合自己言语的表情、手势动作要尽量丰富一些。在倾听过程中不要对对方的个别语句作出评价，而且千万不能中途插嘴。

4. 学会与不同沟通风格的人交谈。

有研究表明，存在四种沟通风格：

一是"社交者"风格。他们说话很直接，他们是情感化的，说话很快并充满活力。与他们沟通，千万不要不耐烦，或者急于结束谈话，你要保持谈话时愉快的气氛。

二是"指导者"风格。他们谈话时目的性很强，他们固执而急躁，很希望主导谈话并控制他人的行为。与他们沟通时要保持你务实的形象，你要尽量讨论实际问题。

三是"思考者"风格。他们不会直接表达自己真实的想法，有时他们显得冷淡、挑剔和好批评。与他们沟通时千万不要出现对抗的局面，你每说一句话都要很谨慎，三思而后行。为此你应尽量做好充分的准备，一定要能自圆其说、无懈可击。

四是"关系者"风格。他们往往会无条件地对你表示支持和服从，虽然他们心里未必这样想，他们会尽量避免人际间的矛盾冲突，他们乐于接受温柔的情感，憎恶带有敌意的强硬口气。你只要支持他们的感情，并表示出对他们个人的兴趣，就可以很容易地与他们沟通。

与不同性别的教师沟通也是不同的，总体来看，女教师多的团队更容易沟通，她们比较健谈，比男教师更容易接纳意见，也更善解人意；如果给女教师多一些情感方面的支持，她们比男教师更容易被你打动。

5. 沉默。

言简意赅地传达你的工作要求，然后你就可以保持沉默，留一个宁静的空间给他们自己去考虑具体的工作步骤。当他们的想法不够准确圆满时，你再适当地给予补充，做一次适时的指导，这样会更有效。

有时候不得不批评教师时，适当的沉默可以起到"此时无声胜有声"的作用，你的沉默正是对他的一种威慑；当与教师发生争执时，适当的沉默可以是你的缓兵之计，等到对方头脑冷静后，你再公正地作出评价，效果会更好。对搬弄是非的人、喜欢打小报告的人，你所能用到的最好的办法就是保持沉默。

好了，关于沟通我先讲到这里，下面留时间给大家讨论。

. . .

问 我对沟通渠道特别感兴趣，我觉得非语言渠道也许比语言渠道更有效。

答 我不这么认为，语言渠道还是主要的，因为离开了一定的语言环境，非语言就可能会不明确，就难于辨析和领会。但是，在某种特殊情况下，肢体语言不但能够单独传达一定的信息，甚至还可以表达出自然有声语言难以表达的思想感情，直接代替自然有声语言。

非语言表达最重要的原则是要保持与语言信息的一致性，也就是要让信息中的语言部分和非语言部分取得一致。比如，你正在说"听说你生病了，我来看看你"，此时，自己脸上流露出对对方表示关心的表情，你坐下来，向对方侧着身，与对方轻声交流。再比如，你说"我会给你打电话"的时候，就要用肯定的口气，提高语调，并轻轻一笑。你表达"我很快乐"的时候，应有意识地放松肌肉，面带笑容，注视对方。

此刻你在倾听我的解答，你刚才在说"我明白了"的时候，你的非语言表达就不错，而如果你紧锁眉头、眉毛略微上扬、脸上无表情，还看着别的地方，那么你的语言信息就与非语言信息不一致了。

问 您说要捕捉对方的表情、动作等细微的反馈信息，该怎么捕捉呢？好像有点难。

答 是有点难，要在平时生活中慢慢体会和累积，比如说站姿，主要通过肩、腰、腿、脚等动作的变化来传情达意，笔挺的站姿，显示出自己高度的自信和极强的魅力；双手背后相交，就更显得精神饱满而有气势；两腿略屈，两脚稍微分开，身体重心不断由这只脚移到另一只脚，胯骨放松，会显得轻松自如，神态自若；而牵拉着肩膀或者蜷曲着身子则显得无精打采。

这些细节的地方，我们通过日常观察和体会，应该能作出判断。我在对你说话的时候，你的身体向我倾斜，这就说明对我有一定好感，而且你对我的讲话很有兴趣，你说我的判断对吗？如果你身体向后倾斜，说明对我比较反感，或者对我的讲话不太感兴趣。

问 我们在与同事交流和沟通时经常用到非语言的方式，对此您有什么建议？

答 我会比较强调手势，这是我们做管理者经常会用到的，而且我希望大家能够常用，发挥好手势的作用。手势的目的是为了进行强调或进一步澄清某个信息的，有效地使用手势，会使有个人魅力的人显得更有活力。当你用力在空中挥动拳头，这表示"我们去干吧！"你伸出食指和中指，让它们形成"V"字形，其余的手指聚拢，这表示胜利；你伸出一个手指作为指示棒，这在强调某一点；伸开手掌拍打对方的手，这表示祝贺；用手捂嘴，表示感到震惊、奇怪或悔恨；向上跷起大拇指，表示极力赞成。

搔后脑勺也是一种肢体语言，表示这个人感到困惑，这个动作容易给人留下热情、谦恭的印象。

研究表明，人与人之间的信息交流55%是通过手势和身体姿态来实现的，我们需要更熟练地掌握肢体语言，才能更加准确、充分地表达和接收信息。

有些非语言的动作要多加注意，尤其是使人感到有尊严的一些细节，比如与人谈话不坐满整张椅子，而只取椅面的前三分之一部分来坐，人身体的上半身会自然地前倾，就会给对方聚精会神的感觉。还有养成边与人谈话边记笔记的习惯，记笔记不但表示想要留下记录，还表示已经认同对方说话的内容，是尊重对方的表现。

要习惯坐在他人的旁边而不是对面，人与人之间一旦面对面谈话，双方的视线难免会碰在一起，很容易造成彼此间的紧张感，与人肩并肩谈话比面对面谈话要来得轻松。

还有，谈话时要面带微笑，笑口常开，你会发现，你本来不怎么快乐的，现在也会变得很快乐。表情常常就是这么决定心情的。

14. 及时反馈

　　给予团队成员工作反馈，是团队领导的日常工作，反馈的质量直接影响到团队成员的行为，那么我们应该如何进行有效反馈呢？让我们一边看反馈的例句一边来分析。

　　1."最后的两个部分有错误，为什么这么草率，简直不能容忍！"

　　这是一个错误的反馈。因为如果以这种方式提出带有纠偏性质的反馈信息，就存在贬低别人的倾向，对方就不容易接受你的反馈。

　　2."我很高兴地告诉你，本季度的工作你都按时完成了。"

　　这是一个正确的反馈。因为在支持性质的反馈中，将自己喜悦的心情也同时传递给对方，对对方产生了激励作用。

　　3."你的工作方式很好。"

　　这是一个错误的反馈。因为这样的反馈不够具体，你并没有说出对方什么地方做对了，所以影响了反馈的有效性。

　　4."我看见你向小张发火，他没还嘴，你应该换一种方式，这样对大家都有好处。"

　　这是一个合格的反馈。因为：（1）很具体；（2）作为纠偏性质的反馈，并没有贬低对方的倾向，很客观；（3）指出了正确的行为应该是什么，明显带有善意。这样的反馈容易让对方接受。

　　5."你做的东西不错，但是没有按时完成。"

　　这是一个不那么完美的反馈。前半句是支持性质的反馈，但是不够具体；后半句是纠偏性质的反馈，却用了转折连词"但是"。后面加上"但是……"，就会使人忽视前半部分内容，而只注意后半部分。如果换成"同时"，就将两个反馈连成并列关系，就会使人注意到全部内容。

6. "在过去的几周里,你的工作态度有了很大改善。"

这样的反馈不正确。因为这种反馈信息没有明确指出到底是什么行为使别人感到他的工作态度改善了,所以反馈不具体。

7. "你的财务工作干得很出色,顺便问一下,你今天早晨为什么迟到了?"

这样的反馈不完美。因为提供反馈之前,并不需要先表扬此人,要想表扬也得要另选时间。

8. "从这些记录上可以看出,你上个月迟到了好几次。"

这是一个不正确的反馈,反馈不够及时。事情都过了很久,才提出这个反馈信息,未免缺乏时效。最好是一发现这种情况,在当天就向此人提供这种反馈。

9. "我希望你和你们这些人都明白,我不能容忍这样的行为。"

这个反馈不正确。这种反馈方式带有贬低人的意味,很可能被理解为人身攻击;反馈信息中没有提及该种行为造成了什么影响;提供反馈的人自以为地位比别人高,这种想法很可能会制造对立关系。

10. "今天吃午饭的时候,你对老王很不友好。"

这个反馈不正确。"不友好"是一种态度,一个人凝视别人,也可能让旁观者误以为对某人不友好,对此,只要做到心中有数就可以了,而不能作为一种反馈信息提供给别人。

以上我举了一些例子给大家介绍了反馈的一些原则,但愿对大家有用。大家一定要理解,反馈是一个以事实和数据说话的工作,而不是要对对方作出价值判断,所以不存在否定的反馈信息。无论是支持性质的反馈还是纠偏性质的反馈,这两种反馈信息都是肯定的。支持性质的反馈信息,即赞同某一特定的行为;纠偏性质的反馈信息,即指出某些行为应进行适当的改正。一些团队领导害怕对团队成员作出纠偏性质的反馈,但是其实只要掌握了反馈的要领,坚持只作出事实判断,避免作出否定的价值判断,反馈就一定对双方都有利。

下面,我再强调一下反馈的基本原则:

1. 详细说明。如果概括地提供反馈信息,不管表达是否清晰,都对接受者没什么帮助。告诉别人，他们的工作水平上升了或下降了是没用的，要告诉他们工作水平是如何上升或下降，才是有用的反馈信息。

2. 关注具体的行为，而不是态度。指责别人的态度或观念，会被视为人身攻击；你只对你所观察到的具体行为发表评论，指出这种行为的结果如何，或者恰如其分地提出一些改进的建议。

3. 选择合适的时间和地点。提供反馈的时间拖得越长，所产生的效果就越差。如果某一事件造成了较为严重的影响，那么一定要选择一个合适的时间和地点来提供反馈，千万不要当众向某个人提出纠偏性的反馈信息。同样，当众向某个人提出支持性的反馈信息时，也要慎重，因为有些人很害羞，公开的褒扬会让他们觉得不好意思。

4. 就事论事。如果只涉及某一事情，就只对这一事情提供反馈信息就可以了。如果反馈关乎两类事情，就要把反馈信息分成支持性的和纠偏性的两种，这样能使后者更容易被接受。

5. 保证反馈信息的客观性。反馈是否有效，并不在于你对别人的行为采取哪种态度。当提供支持性的反馈信息时，可以加上"我很高兴……"，但是当提供纠偏性的反馈信息时，千万不要把自己的不满情绪表现出来。

6. 不要一味地向别人提供支持性的反馈信息。不要以此来应付别人，或让别人的自我感觉过于良好。如果反馈信息起不到显著的效果，就不要反馈了。如果你只是为了表扬而表扬，别人会认为你的表扬都是虚伪的、要人领情的，你也会因此而丧失信誉。

下面大家就反馈问题展开讨论吧。

· · ·

问 我们组里的一名老教师工作成绩不理想，已经拖了我们后腿，您看我应该怎么找她谈？还是由上级找她谈？

答 对团队成员作出绩效反馈本身就是团队领导的责任，而不是上级的责任。在绩效反馈方面存在以下误区，请大家注意：

1. 省去绩效反馈。一些学校在考试以后就直接把分数发布出来，由领导定下奖励方案就算结束，却不与团队成员进行面谈反馈，这是一种常见的错误。

2. 反馈流于形式。只是简单地对团队成员说一下"不错"之类的话，至于具体的评分标准、优点和不足体现在哪些方面，大家都不知道，都不太清楚，改进措施也不确定。

3. 有了问题才进行反馈。平时，团队成员的错误大家都看在眼里却从来不做反馈，非得出了问题，非得等到家长举报投诉，才象征性地给予反馈。

以上三个误区，希望各位团队首席能避免。

问 那么，如何做绩效反馈？有哪些地方需要注意的？

答 正式的非绩效反馈分为四个步骤。

1. 由团队成员先自我评价。自我评价主要包括以下内容：（1）简要地表述一下自己主要做过哪几项工作；（2）用绩效标准来评价自己所做的主要工作；（3）寻找自己在工作中的差距，同时在总结中为自己今后的改进提出必要的方法和措施。

2. 由团队领导来绩效面谈。绩效面谈的要点是：（1）按照绩效标准，肯定成绩和优点，指出缺点和不足；（2）面谈不是评估"人"的好坏，而是评估工作表现和业绩的好坏；（3）必须十分准确而清楚地表达出你对对方绩效的评估，千万不可模棱两可或含糊不清；（4）先就无异议之处进行沟通，然后再对有异议之处加以讨论；（5）留有时间让下属申辩，注意聆听和引导；（6）关注未来，关注绩效的改进。

3. 商讨对方不同意的地方。比如你可以说："小王，你今年的绩效评估成绩是6分，你得6分是由于我们设定的目标是这样的……你在达到这个绩效目标方面，在哪些地方还做得不够，根据绩效标准，你应该得6分。你自己有什么看法吗？"

小王同意最好，但也可能不同意，你就让他谈一谈他的看法。他不同意，不一定是说对你给他的结果不同意，往往是由于他认为你对他所付出的努力没有给予肯定。另外也可能是由于他和其他人进行比较时心里不太平衡。这时候你要做的是充分地肯定他为工作付出的努力，但学校是按照统一的标准考核所有的人，不能有例外。所以，在商讨对方不同意的地方时千万不要被他牵着鼻子走，而是去探讨，去肯定对方，并找出他的不足。

大家可能觉得最难的就是这个环节了！所以在商讨时，有两个要点需要注意：（1）从看法相同或相近之处开始。这样做有两个好处，一是如果先从不同之处开始，容易引起双方的争执或深度讨论，其结果是随后没有机会或忘记对相同或相近之处的讨论；二是相同或相近之处容易达成共识，容易讨论，这样可以增进绩效面谈的良好气氛。（2）不要发生辩论。如果你与对方的商讨变成你来我往，你一言我一语的辩论，这样会导致冲突，而不利于对方认识自己的问题。

4. 共同制定改进计划，由你和团队成员一起展望一下未来，承诺在哪些地方应该改进，以及应该如何改进。要是前几个步骤进展不顺利，这个步骤也无法优质地完成。

问 有的团队成员资格老，在事实和数据面前还强词夺理，就是不能认识自己工作中的不足，那怎么办？

答 在这种情况下，你是可以叱责他的。作为团队领导，你真的永远都保持你的翩翩君子风度吗？优秀的团队首席，是可以出于公心，当面地、直接地、甚至毫不留情面地教训不负责任的团队成员。如果叱责得当，对方是不会记恨你的。

如果在叱责时能把握一些基本的技巧，会取得事半功倍的效果。

1. 不要毫无道理的叱责。平常一些紧急的情况突然出现，会令大家都措手不及；或者是一些意外事故和人为错误的产生，容易使人在瞬间失去理智。你很可能一下子把怒火全都发泄在大家身上。对于团队领导来说，这种行为无异于自我毁灭。请记住，无论发生任何情况，都要保持冷静的头脑，对于既成的事实不需要马上追查责任，而是应该立即研究对策。等到最危急的时间过去，再进一步弄清事实，调查事故的真正起因。随意的叱责，不会是严格要求的表现，只可能成为新的矛盾的导火索，你日常和蔼的形象会因虚伪让人更加唾弃。

2. 以关爱的态度进行叱责。团队领导不应该只是单纯的因为对方的工作失误令团队或学校遭受了损失而叱责团队成员，因为作为团队负责人你有义务帮助对方认识到自己的错误，帮助他们改正错误，甚至是怀着一种父母般的关爱在里面。所以你在叱责中最好能够让员工感受到你的这种心态，让他为你所感动，让他深刻地理解你的语重心长。在叱责中要让人感到自己被重视，从而乐于听从别人的意见。

3. 叱责不要直接点中对方不愿别人提起的个人隐私或要害之处。叱责归叱责，但这里面包含了一种关爱，而不是低级辱骂，即使是叱责，也要注意尊重对方的人格。

4. 叱责之后立即了解对方的情况，以此判断他是否反省，此后抱着什么态度工作，是否对叱责有所误会。如果对方的确误会了，则设法解释；如果怀恨在心，那么此人与你便无共事的缘分；如果接受了，反省了，抱着积极的态度投入工作，叱责的效果就达到了。

5. 叱责要注意频率和方式。不要让对方感觉："你以前对我那么好，最近为什么又和我过不去。"同时多改变叱责方式，时缓时疾，轻重得当，这才最能达到效果。

15. 团队激励

团队领导要激励团队成员，因为团队士气是需要激励的。一些原来做不成的事，因为士气高昂就能做成；相反，即使各方面条件都具备了，却士气低落，依然难逃失败命运。

作为团队首席，你可以动用的激励资源不如学校领导那么丰富，所以你对团队成员的激励都要体现在细微之处。这就需要你深入地去挖掘了，我认为要学会"拍马屁"是你可以经常使用的激励策略。

你要学会拍团队成员的"马屁"，例如："真不错！""小李，你这节课上得真好！""你真能干！""没关系，思路挺好，顺着这个思路干下去肯定不错。""干得漂亮。"这些可能微不足道的小小赞美有着巨大的激励作用。

但是，我们往往不愿意这么做，因为我们可能还没有真正信任他们。没有信任感使人们难于发现别人的优点，因而也就难以表示出认可与赞美。你一定要相信，每个团队成员都有把工作做好的意愿，请你不要轻易对此产生怀疑。有时候，你的怀疑来自你所设定的标准，你不能以你的标准来要求他们，你要意识到他们达到你的标准需要一个过程，当你的标准定得太高太不切实际，那么你就失去了宽容之心，你就会觉得对同事说赞美的话语是如此的违心。

下面介绍一下"拍马屁"的技巧：一是及时，你要随时发现他们的可赞美之处，要频繁地"拍"；二是具体，赞美应该针对一件具体的事情而提出；三是在工作中有表现特别突出的地方，公开地对他表示认可与赞美；四是真诚，不要为激励而激励，真诚的赞美才会换回真心的回报，否则，他们难免会产生"黄鼠狼给鸡拜年，不安好心"的怀疑。

团队首席是不是只"拍马屁"不批评呢？不是，运用得当的话，批评也能鼓舞士气，产生激励作用。在批评时你一定要注意以下三点：

1. 对事不对人。比如，你应该说："小郑，我们约定了是上个月底完成文稿的，但现在已是月初了，你预计什么时候可以完成？"而不是："小郑，你好像有点懒，说好是上月底交文稿的，到现在都还没给我。你怎么回事？"显然，两种说法都表达了同样的意思，但是作为接受者，他的感受会有很大的不同，对于第二种说法，对方可能产生抵触的心理。既然通过委婉的方式可以达到同样的目的，何乐而不为呢？

2. 尽量采取建议的方式。比如："说说你的想法，你认为怎么解决好，我的建议是……"而不是："这次考试你们班很差，关于班级纪律问题我早就和你说了好几次，你就是听不进去……"

3. 采取"三明治"式的批评方式。这里的"三明治"指的是有效批评的三道程序：一是认可并赞美对方令人满意的部分，二是提出其不足之处，三是给予积极的鼓励。此外，即使你与他的私人关系再好，在正式的谈话时也不能随意，否则他会认为这时你的看法才是真的，平时都是假的。

大家千万不要认为激励人是学校的事情，是校长的事情；也不要认为激励只是按照规章制度发点钱。激励是个更广义的概念，对团队来说，激励包括团队气氛、人际关系、你的工作风格和人格魅力，以及你会不会"拍马屁"，还有你与团队成员之间彼此的信任程度等等。你才是团队激励的源泉所在。

也千万不要把激励和奖励画等号，认为发发奖金、买件礼品才是激励。不，这是奖励但不是激励。奖励是对团队成员的工作给予一定的表彰，或奖励一定的金钱、奖品、礼物等，是对结果加以表扬和鼓励的行为；激励是从他们的内在动力出发，使他们在工作时充满热情，发挥潜在的能量，它是一种内在的、更深刻的激励同事们工作的方式。因此，激励不等于奖励，奖励侧重于事后，激励主要是事前；奖励是激励的一个方面，但不是全部。

下面就团队激励问题展开讨论吧。

· · ·

问 我认同您的观点，奖励和激励是不能画等号的，但是目前看来，大家之所以会将奖励和激励混淆，是因为我们整个风气坏掉了，大家都很功利，都在"向钱看"。

答 我没有否认奖励的重要性，也确实存在着"向钱看"的问题，但是今天我们探讨团队激励问题，作为团队首席你是无权给团队成员奖励的，所以我们今天姑且不谈奖励。不过，我们不能低估教师，我们一概认定所有教师只是看在钱的份上才会努力工作，这个假设是不成立的。也就是说，"激励就是钱的问题"这句话是有问题的，对于激励来讲，钱是一项重要的资源，而且我承认这是一项不可或缺的资源。但是，我们真的不能把钱当成万能钥匙，以为只要有钱就可以打开所有的锁。

你一定学过马斯洛的"需要层次理论"，这个理论认为每个人都有五个层次的需要，对团队而言，一个好的团队至少能满足团队成员归属的需要、尊重需要和自我实现需要。所以在团队激励方面，我们有很多事可以做。

问 我认同您的观点，团队激励确实不能只是看在钱的份上，但是确实有些人就是看在钱的份上的。

答 我也承认这一点，因为人是有差异的，按照"需要层次理论"，人们首先满足较低层次的需要，才会希望满足较高层次的需要。当前一个基本需要未满足前，人们通常不会想到下一个需要的满足，就如同一个快要饿死的人不会去想精神方面的需要。

由于每个人的背景、家庭、经历、性格、对未来的期望等等不同，作为独立的人、个体的人，人们处在不同的需要层次上，需要的程度也不尽相同。所以，我们要分别了解他们的需要，并根据他们的需要层次采取相应的激励方法，千万不能一刀切。所以我们还是要做一些具体分析的，我们能不能对团队成员进行一些需求调查，以使我们的激励更有针对性?

问题清单法是用来了解团队成员需要的一种方法,你可以在工作中首先罗列团队成员可能会遇到的问题的清单,然后逐步分析和排除,直至发现他们的需要顺序和层次。我开一个问题清单给大家,你也可以用来了解自己的需求层次。

1. 他的教育程度和知识程度如何?他的智力和他在工作中及工作以外的兴趣如何?
2. 他是否经常试图表现自己在知识和理解力方面的优势?
3. 他是否喜欢和他人接触?喜欢和哪一类人接触?
4. 他内向还是外向?
5. 他是否经常想表现自己或表现得超越自己?为什么?
6. 他是否肯定自己,如果不是,为什么?
7. 他是否由于缺乏知识、缺乏表达自己的技巧以至和他人在一起时会紧张?
8. 他是否工作主动?
9. 他是否有创造力?
10. 他是否有挫折感?
11. 他是否有压抑感?
12. 他是否有任何情绪?这些情绪如何表现出来?是由什么造成的?
13. 在其工作和私人生活中他想寻求什么?
14. 他和什么人在一起比较自由自在?
15. 他有没有干扰其工作的个人问题?这些问题如何影响他的工作?
16. 上一次加工资后他是什么反应?
17. 他是否能与你开诚布公地讨论?
18. 他是否对你有信任感?
19. 他原来对你有过什么误解没有?

对抱怨的分析是用来了解团队成员的另一种方法,因为人的抱怨可以显示工作缺乏动机的原因。抱怨有两种,一种是积极的抱怨,一种是消极的抱怨。积极的抱怨是指那些提及工作执行障碍的抱怨;消极的抱怨是指和工作没有直接关系的抱怨。积极的抱怨反映出好的工作动机，因为这在表示他努力地想把工作做好却被一些干扰因素所烦恼，于是想通过抱怨提醒上司来解决；而消极的抱怨则表示一种消极的工作态度，不过也可能是由更深层次原因造成的，需要更细致的分析。

问 在我们组里，有几个人，他们平时怎么也提不起精神来，安于现状不思进取，您说应该怎么办呢？

答 其实绝大部分人都是这样的人，他们既不求最好，也不会最差，他们更愿意得过且过。这些人的比例是学校中最多的，成绩居中、水平能力相差无几的教师们构成了学校的主体，你不能无视他们的存在。我给你三点建议：

1. 重视他们。由于他们是学校里最不引人注目的一群人，所以在他们心中更容易产生不平感，如果你长期忽略他们就会引发他们对你的不满，而如果你重视他们，尊重他们的意见，会让他们受宠若惊。一些人之所以不在乎别人，是因为他们不被别人在乎。

2. 加强交流。要主动与他们建立一些感情上的交流，在他们特殊的日子里，比如生日等等，给予他们祝福或者赠送一些小礼物，都会让他们意外感动。

3. 为每位成员设计个人发展计划。虽然大多数人都不可能成为了不起的人，但是要给每个人同等的发展机会。你不能眼中只盯着若干积极分子，而要关注每一个。

问 我们组里有个教师，嘴上功夫了得，可是工作上却实在不怎么样，你说对这样的人我应该怎么办？

答 领导都会本能地偏爱会奉承人的人，想象一下，每天早晨你信步走到办公室，马上就会有人恭恭敬敬地向你打招呼，帮你把茶水都泡好，你的心里会不得意？其实每个人都会有虚荣心，但是一个领导热衷于接受谄媚，就会搅乱正常的工作气氛和人际关系，因为这会让其他团队成员都认为你偏爱这一口而不在乎大家真正的工作能力和表现，大家会感觉自己再出色的表现也不会有人去赏识，于是士气会往下走。此外，谄媚者这样低三下四地奉承你，总会有他们的理由，要么为了一己私利要么想排除异己，这就可能会误导你，使你不知不觉作出错误的判断。

所以你要时刻提高警惕。首先要对自己有一个清醒的认识，对你的能力、性格，你的长处、短处，都要有一个切合实际的自我印象，这样你才会分清哪些称赞是真心的，哪些是过了头的。要想别人骗不了你，只有自己不欺骗自己。其次，你要多听少说，在日常的工作和生活中，不要对所有的消息表现得过于热心，也不要轻易予以评论，这样可以给自己留有余地。第三，在团队中要鼓励大家都发言，要让真实的意见有更多的传播机会，同时保证公平地对待每一位员工，要让他们明白：想成功，只有靠自己的实力去争取。

问 我们组有一个患重病的教师，需要特殊照顾，您说是不是会对其他人造成影响，特殊照顾她会不会让大家感觉不公平？

答 对于特殊的团队成员来说，只有你给予他特殊的支持，才能帮助他渡过难关。不要认为这样的人对团队、对学校都没用了，如果大家看到自己朝夕相伴的同事患上了重症，饱受病魔的折磨，心里当然会产生同情。你要是不关心他，就会让大家心寒，人们就会从同伴的噩运中看到自己的未来，他们会把对同伴的同情转化成对你个人或是团队的愤慨。

16. 适度授权

团队首席是学校管理链条中的一个环节，对团队成员来说你无疑就是一个领导者。不过，你要是认为你是领导者就可以指挥别人，别人都要听我的，这就错了。从整个学校的权力系统上来看，你是最微不足道的，因为你和主任们、校长们相比，你的强制性不够，衡量权力大小的第一个尺度就是强制性，主任、校长可以让别人按照他所说的去做，而你却不能，别人会在心里问一句：你算老几？

相比于团队的一般成员，你还是有些权力的，因为你可以给他们布置工作，你可以召集他们开会，而他们不能。即使你在权力体系中位置再低，你还是有一点点小权力的，只要有权力，就得服从以下权力原则：

1. 权力不能用来激励。世界上没有人愿意被别人领导，而当你运用权力的时候，实际上是在强迫别人，他的内心是抵抗的，在这个时候，每个人的创造性是极其有限的。权力不能带来激励，它不能激励人们努力工作，因此你千万不要认为有权就好办。

2. 权力不能使人自觉。权力是迫使别人服从的，这就意味着当你运用权力时，团队成员是被动的、不自觉的。所以不要巴望着你通过指令就能让人主动工作。

3. 权力不能产生认同。你不要认为你的一声令下，大家就会达成共识，那不可能。有的团队领导习惯说"不要争了，照我的意思办"，于是大家都不争了，可是不争不代表大家没有意见了，他们只是把意见藏在心里了。

4. 权力对他人影响有限。现代社会人与单位之间、人与人之间早已不是从属关系，而是契约关系，也就是付出劳动获得报酬，是说他把整个人都交给组织了。权力对于将要离开的人根本没有效果，权力对于那些资格很老、工作成绩一般、不求上进的人也没有效果。

5. 权力不能滥用。你本来也没有太多的权，却还要滥用权力，这就等于"自杀"了。滥用权力的典型表现是：（1）凭主观意识和个人好恶下判断；（2）为了个人用途私自动用团队和学校资源；（3）推卸责任；（4）在做工作决策时，不让他人参与，不征求他人建议就武断采取措施；（5）主要依靠权力惩罚或奖赏，而不是运用影响力去改变团队成员的行为；（6）给与自己关系好的下属额外的好处，或给与自己关系不好的下属额外惩罚；（7）运用权力"统一"他人的思想和行为。

6. 慎用权力。慎用权力，就意味着你必须说到做到，要保持说的和做的一致。慎用权力，还意味着不到万不得已，不要运用权力，一旦动用权力，你必须让大家明白你为什么要这样行使权力，你行使权力对团队未来所产生的积极影响会是什么。

下面我要讲关于授权的事，即使我们的权力有限，而且动用这一点点权力都要有原则，我们还是要授权，授权给团队成员们，让大家都来分享权力。团队领导往往有个坏毛病，就是什么事都由自己一个人决定，而且由自己一个人干，到头来反而吃力不讨好。为什么会大包大揽？常常是因为向下授权时，总担心他们把事情搞砸了，达不到预期的目标。想想，你们是不是有过同样的想法？所以我们首先来谈谈授权，再来谈谈适度授权的问题。

我们和团队成员朝夕相处，可是我们却还担心他们做不好，根源实际上在你，要是事先没有把期望的结果清晰地告诉他们，那当然就会把事情搞砸了。一些团队领导认为授权前要把所期望的结果告诉对方，这实在有点浪费时间，有这点时间还不如自己干。抱有这种想法的人，可能没有意识到团队授权的重要性，授权能提高团队成员的工作积极性，还能培养他们的能力，缓解你个人的工作压力，同时使团队更有凝聚力，这就是我们为什么要强调团队授权的理由。

如果你愿意授权，那就要讨论下一个问题——如何适度地授权。我们知道，授权一定要适度，既不能授权过度，也不能授权不到位。授权过度会有很大的风险，授权不够会影响下属主动性的发挥。根据授权受制约的程度，我们可以将授权分成五种方式：

1. 指挥式。这是最低级别的授权，你以命令的方式控制团队成员的工作行为，他们除非按你的命令行事，不能擅自行动。

2. 批准式。由团队成员自己提出计划和方法，但在行动之前都必须得到你的批准，未得到批准就不能实施。

3. 把关式。大部分工作由团队成员作出决定，你只对整个过程的某几个关键环节把关。

4. 追踪式。团队成员完全可以自主决定，但是在关键环节和过程中必须及时向你汇报。

5. 委托式。给团队成员开展工作所需要的全部自由，让他们充分发挥主动性和创造性，完全按照自己的方式行动。你只对目标是否达成保持关注，而不会在工作过程中进行任何干涉。

级别低的授权，要关注和控制工作过程，从而防止对方把事情搞砸；而最高级别的授权——委托式的授权——关注结果，不关心整个过程。在日常工作中，可以根据工作的性质按五个级别进行授权。我建议，对那些比较简单的工作，可以使用高级别的授权；那些能力强的教师，可以给他们高级别授权；那些可信赖的团队成员，我们也可以给他们高级别的授权。比如抓考试成绩可以更多采用追踪式授权，而处理与家长的纠纷之类的敏感问题则要低级别授权。总之，要根据具体的工作情况和特点来选择授权方式，并不是每一项工作都要采取五种形式。

关于团队首席的权力问题和团队授权问题，先谈到这里，接着大家可以讨论了。

· · ·

问 听了这堂课我很受启发，我想回去之后就要与我们组里的老师们谈谈这个问题，我不能再一个人忙所有的事了。

答 我相信大家都会欢迎你授权的，因为分享权力是人类的天性，毕竟谁也不喜欢被人管着。我建议你在与大家讨论授权问题时，能与团队成员建立一些重要的约定，因为学校和团队不会就授权问题设立规章制度，所以要靠约定来达成共识。所谓约定，就是平等对话，就是要通过对话，把什么情况下应该怎么处理等问题约定好，比如："有特殊情况，你给我打电话。一般情况就由你自己处理，我全交给你了。"总之，就是要把特别的和例外出现时怎么办的条款事先约定出来，以便大家按照授权范围去处理工作。

问 把团队工作通过授权的方式让大家一起干，那么作为组长，我们的工作可能也要转型了。

答 那当然，团队领导只有通过授权才完成从"领导"到"首席"的转变，要成为团队首席，我们得学会做教练。做好教练有以下几个要点：

1. 言传身教，你自己在工作中要专业过硬，你的水平和品质要高于一般人。

2. 你要帮助他们通过学习而获得成长，教练的主要目的不是完成工作而是促进成长，所以要耐心地教而不是亲自去摆平。

3. 在对方遇到特定问题时一定要帮他，而不是想着反正授权了就看他自己了，这是在推卸责任。

4. 要了解对方的需求，知道什么时候要出手，什么时候要耐心等待；要在日常的观察当中多加留意，多与团队成员交流和沟通，找到他的短板，即有缺陷的地方，有针对性地进行辅导。这里要给大家一个公式："不足+意愿＝有效辅导"，就是说，只看到下属绩效方面的差距还不够，还要了解下属的意愿，看他是否愿意去改变，如果他根本就没有提高的意识，给他提供办法他也不会采用。

问 我们组里有些老师，他们的家属本来就有权有势，所以我们都不敢惹他们，您有什么好办法吗？

答 这确实是个问题，虽然有的人比较低调，但更多人会是个问题。因为你的权力本来就不大，那些"有背景的人"他们的隐性权力可能比校长都大，因为他们与一些可能支配到你的权力人物有着千丝万缕的联系，他们虽是普通教师，却有着甚至想要压过你的派头。不过，这些有背景的人一般说来有很强的自信心，正因为他们或多或少都有自信，所以只要你引导得当，让他们的自信更多地展示在工作岗位上，那么他们可能会取得比同等能力水平的人更高的成绩。

建议你与这类教师做一次较深入的谈话，通过谈话可以更好地了解他们，他们的个性、特长、缺点等等，谈话时不用回避有关他们的身份问题，可以对他们寄予高期望。你要做的就是让他们自动解除顶在头上的光环走到团队中间来。你要告诉他们你用不着再给他们额外的照顾，告诉他们整个团队需要他们的贡献。你一定要让他们亲眼看到在团队内部具有绝对的公正性，每个人包括你自己在内都有同样的起点。当然，如果你遇上的是一位自负狂妄的"特殊人物"，你一定要与他保持距离，你绝不能姑息纵容，否则你就不能服众。

总之，你不要把处理"有背景"员工的问题只与你的前途挂钩，而要以团队利益为重。否则你的处境会比巴结他们更糟糕。

问 有些团队成员很有优越感，他们认为自己很了不起，他们连校长的话都不听，你说我该怎么管他们？

答 有些优越感来自实力，而有些则有点莫名其妙。不过，正常情况下，有优越感的人总是有些资本的。我认为你不要害怕承认你在许多方面不如他们，不仅不要把他们的傲慢记在心里，反而要在一些关键的时刻给予他们强有力的支持，你知道人总是有弱点的，即使很少有弱点的人也会有脆弱的时候。作为团队首席，你必须有足够的心胸做到这一点。

另外，你可以让他们独立完成一些别人完不成的任务，因为有优越感的员工们往往喜欢独立完成挑战性的工作，你可以在背后帮助他，这会使他对你转变态度的。可是，有些人没什么本事，莫名其妙地有优越感，他们的自我认识远远超出他们的能力，却又瞧不起你，那对不起，你不必对他们客气，该咋地就咋地。

问　我们组里有个年轻教师想"跳槽",平时工作懒懒散散的,你说我该怎么做?

答　在你的团队里有一两名"身在曹营心在汉"的成员,我想那也是正常的,我想你首先要对"跳槽"有一个正确的理解。在市场经济社会里,"跳槽"就是一个很纯粹的经济问题,与道德无关。也许新的单位有更优厚的待遇,有更适合他发挥能力的职位,有他选择那里的理由,所以你不必愤愤不平。相反,我觉得你应该祝福他,预祝他"跳槽"成功,同时希望他善始善终,给所有团队成员留一个美好的印象。同时,还可以恳求他支持你的工作,让他设身处地为你着想。我想,有能力"跳槽"的人都是一些有本事的人,他们会通情达理的,只是你不要与他们闹僵。

问　我觉得在我们组里,最难管的就是老教师,这些"老家伙"们思想保守,脾气古怪,行动迟缓,工作积极性不高,他们成了团队的"害群之马",您说怎么对付他们?

答　不会所有的老教师都那么差劲吧!我觉得你要"对付"他们,就说明你有些偏见了,作为团队领导,这不是你应该有的态度。对老教师,我们的核心原则就是尊重和理解,他们不像年轻人,有什么话会直接向你诉说,所以你要经常与他们聊聊天。老教师常常会怀念旧时光,你要耐心地、微笑地听他们讲故事,一边听还要一边说一两句鼓励或是赞颂的话,比如"您那时真是了不起"或"你和当初一样棒",这会令他们感觉很好。老教师比一般的团队成员更需要尊重,他们非常敏感,特别容易受伤害,既要给他们布置工作又要照顾他们的感受,这个度只能由你来把握了。

最后,还有一句忠告:对待老人的态度,是你全部人格和教养的体现。

下编
校本研究修中的首席

1. 教研组长

前两个部分我们谈了教师专业发展和团队建设这两个专题，从今天起，要和大家聊聊校本研修。

我想这个话题我们先从教研组开始谈起，大家知道，教研组在教师专业发展中具有不可替代的关键作用，因为教师的大部分研讨活动都是依托教研组完成的，甚至一些教师在校的大部分时间都是在教研组中度过的；而且，只有教研组才能实现资源共享，毕竟靠一个人的力量要将整门课程的资源开发出来既不可能也不现实，因此在资源开发方面教师之间的分工与合作显得尤为重要；此外，我格外看重作为"学习共同体"的教研组，教师的专业学习生活大部分发生在教研组活动之中，共同的学习目标、相互的协作与帮助是教师共同学习、共同发展的前提条件。

但是，教研组能不能促进教师专业发展，组长的作用很重要。之前的课我们讨论过如何成为专业成长中的首席和团队建设中的首席，今天我们要谈如何成为校本研修中的首席，就一定要谈谈教研组长的作用。我认为，一个称职的教研组长，应能发挥以下作用：

1. 教学示范者的作用。这就要求你的个人教学能力和素养要过硬。我把"示范"放在第一位，是因为如果我们自身能力不够强，就不能领导一个专业团队。所以，你要成为专业成长中的首席。

2. 提升组织效能的作用。你要对学科团队进行有效的组织和管理，使你们的组成为一个"团队"，成为"专业共同体"。所以，你要成为团队建设中的首席。

3. 规划学科发展的作用。要为学科的发展指明方向，确保本学科的发展能够符合学校和学科自身发展的目的。为此，你要走到课程教学改革的前沿。这方面的内容，我将多花点时间与你们探讨。

4. 引领教师成长的作用。你要支持、指导和激励教研组的教师们充分借助教研组而获得发展。为此，你要尝试改革教研活动的模式，使教研活动真正达到研修一体化的要求。

5. 协调公共关系。你要建立与各方面的良好关系，与市、区教研员们的关系，与学校领导的关系，与其他组的关系。所以，与人交往也是你的一项重要工作。

大家可能要说，做一个组长那么难啊，要求那么高！其实，大家要获得更好的发展，方向很重要，我想我先得给大家方向，然后大家一起来努力成长。

为了能在教研组内发挥我说的五个方面的作用，大家应该努力在以下方面获得发展：

一是对专业知识的理解。你首先要具备对本学科的和课程教学的专业知识，而且不断加深对专业的理解。我接下来就要和大家聊教学模式和方法、学生学习方式、学业评价、有效教学、课堂控制等方面的话题。

二是领导能力。你要能够领导和管理他人朝着共同目标奋进，你要具备解决问题和作出决策的能力；要具备清楚地陈述要点和理解他人观点的能力；要具备有效安排时间和自我调节的能力。

三是个人品质。你应具备积极的适应能力和正直的人品，你的精力、毅力、自信、热情、智力、可靠性、正直等等素养都能提高你在组内的影响力。

总之，要当好教研组长，是需要大家好好修炼的。下面，大家讨论。

· · ·

问　您提到"教研活动"，还提到"校本研修"，这两个词有什么区别呢？

答　区别一是"校本"，二是"研修"。所谓校本是指从学校教育教学实践出发，解决本校的问题和以本校教师为主体；所谓研修是强调将教研与进修相结合，旨在促进教师的专业发展，也就是在价值取向上。校本研修是"成长"取向的，而教研活动是"成果"取向的。因此，校本研修是要帮助教师解决教育教学实际问题，特别是课堂教学问题。通过聚焦课堂、分析课堂、研究课堂、决战课堂，来改进教师的教育教学行为，提升教师的教育智慧和教学能力。

"校本研修"的提出，也是对原来的教研活动的反思的结果。原来的学校教研活动流于形式，因深入不够而实效欠佳，不少学校的教研活动就是例行的听课与评课；教研活动的计划性、针对性较差；听课评课缺乏明确的研究目标，理论学习离课堂实际太远；以应付考试为中心；低层次重复较多，质疑和讨论较少；任务布置多，深入研讨少。而学校教研组的行政性功能在不断强化，业务性功能渐渐被削弱；教研活动中"管"的色彩较重，教师公开自我、倾听与对话以及问题解决的习惯与能力相对缺乏，从而使教研活动变得越来越可有可无，实效欠佳。

另外，传统的教研活动中，基于学科本位的考虑多，体现综合视野的较少，教研组往往只思考本学科的问题，而对课程建设、学习心理以及德育、学习指导等方面的综合思考相对较少，致使教师面对学生学习成长中的问题时困难颇多。

总之，教研活动对一线教师来说，越来越没有吸引力了。

问 那"校本培训"与"校本研修"又有什么区别？

答 "培训"是自上而下的，是假定教师有问题，我来培训你；而"研修"则是要加强教师培训与教育教学研究的联系，是要帮助教师解决教育教学中真实的问题，在解决问题的过程中促进教师专业成长。因此，校本研修既是教师教学方式、研究方式的深刻变革，同时也是教师学习方式、专业发展方式的新发展。所以校本研修要从根本上改变教师在培训中的被动地位，突出教师的自主学习和自主发展，让教师们从"受训者"转变为"研修者"。

问 "校本培训"、"校本教研"、"校本研究"、"教师校本学习"、"校本研修"等等这些词，好像大家都在提"校本"，为什么要强调"校本"？

答 "校本化"实际上是一个国际浪潮,世界各国都在关注教师专业发展,也逐步认识到职前教师培养的局限,认识到教师岗位学习的重要性,并且越来越意识到教师专业知识中实践性知识的重要性。

林崇德教授等提出的教师知识结构包括四方面:一是本体性知识,指的是具体学科专业知识,是关于"教什么"的知识。对于合格老师来说,本体性知识必须达到一定的水准。它是成为好老师的必要条件。二是条件性知识,指的是教师对"如何教"的理解,是老师将本体性知识转化为学生可以理解的知识的能力和智慧。教育学、心理学、学科教学论、教育心理学等都是条件性知识的重要方面。三是实践性知识,是指教师在面临具体教学情境时,支持其思考、解释与决策的知识,诸如方法论知识以及教师教学经验的积累。四是文化知识(有的称为扩展性知识或边缘性知识),即教师个人拥有的广博的文化科学知识,它反映的是教师影响学生的文化修养。

你在读师范院校时,也就是在职前教育中,增长的主要是本体性知识,条件性知识的概念框架也初步建立起来,但这并不意味着你就能成为一名合格的教师。如果没有一定的实践性知识作为基础,条件性知识是无法发挥作用的。因此,从某种意义上说,教师急需的是实践性知识的形成与应用,让教师具备更多的实践性知识应该成为教师专业发展的重点目标,也应该成为校本研修的重点目标。

问 实践性知识是不是我们常说的"默会知识"?

答 可以这么说。关于教师实践性知识主要有三个分析思路:一是关于实践的知识,也就是与教育教学实践有关的知识;二是为了实践的知识,就是为了帮助教育教学实践改进的知识;三是源于实践的知识,就是从教育教学实践中提炼获得生成的知识。由于分类维度的不同,不同学者的提法会有一些交叉。

波兰尼提出的显性知识与默会知识,我认为讲的最明白,他有一句名言:"我们所认识的多于我们所能告诉的"(We can know more than we can tell),就是指除了那些可以言传的和能以文字等形式来表达的

"明确的知识"之外，还有大量不能系统表述且无法清晰反思和陈述的所谓默会知识。顾泠沅教授常用"知识的冰山模型"来说明明确知识与默会知识的关系，让我们很受启发。

问 校本研修的目的就是要增长教师的默会知识吗？

答 应该说总的目的就是这个，但传统的教研活动可能没能实现这一目的。那么我们应该如何展开校本研修活动，使其更好地促进教师实践性知识的发展，我们将在下一节再谈。

2. 实践反思

这一节我和大家聊校本研修，从实践性知识的特点出发的校本研修应该保证这样几个大方向：

1. 重视"行动"和"反思"。在校本研修中鼓励教师"对行动反思"和"在行动中反思"。

首先要大量的实践，就是所谓的行动，但是更重要的是对行动作出"反思"，而且要边实践边反思。那是因为实践性知识从来不是外部给予的，而是教师在实践过程中经过与环境的对话和交流，在不断反思的基础上逐渐生成的。

所谓反思，就是教师以自己的教学活动过程为思考对象，对自己的行为、决策以及由此所产生的结果进行审视和分析的过程。简单地说，就是你要把自己当成个局外人，以此来理解自己的行为与学生的反应之间的动态的因果联系。你既是一个演员，又是一个评论家。

"反思"并不是新词，早在1933年杜威就曾提到过。但是直到20世纪80年代，这一概念才被广泛运用到职业培训中。因为当时教师培训中大家都认为只要向教师传输一定的教学知识和策略，就可以帮助他们更好地解决教学中的各种实际问题。但实际上并非如此。于是，一些研究者、教师培训者等渐渐开始意识到，教学是一种复杂的活动，因具体情况而异，并且其中包含着许多两难选择，不像人们以前所理解的那样简单。所以，培训不仅要由外部向教师传授专业知识，而且要通过教师对自己的实际教学经验的解释来增进其对教学的理解，提高教学的水平。于是，"反思"就成了一个热门词。

2. 重视教学现场的研究。实践性知识生成的最好时机，是教师在教学现场时的体悟。不管是现场的当事人（开课教师），还是现场的旁观者（听课教师），现场的问题和现象能最好地唤醒默会知识，所以校本研修也应该抓住现场，充分运用现场研究的机会。不过，即使错过现场也没有关系，我们还是可以通过叙事研究的方式来再现现场的问题。总之，校本研修要在基于情境的决策案例中来激发和体悟实践性知识。

3. 重视行动研究。行动研究与传统的研究不同的，传统的理论研究与实践往往是相互分离的，研究者与实践者也是分离的，通常研究活动的主体是专家，场所是大学、研究所等学术机构，成果主要表现为学术论文或著作，研究的主要目的是形成理论；而行动研究的研究实践活动主体是教师，场所是学校和课堂，实践活动的结果主要表现为不成文的经验。行动研究中的研究者和实践者是统一的，是由参与者自己承担的自我反思性探究过程，研究的起点是对自己实践的不满和反思，研究的对象是现实中发现的具体问题。行动研究是以实践为中心的，它的根本旨趣不是为了理论的产出，而是为了实践本身的改善，因此，这种行动研究有利于教师的专业发展，也更有利于教学有效性的提高。

4. 重视任务驱动。成年人的学习是任务驱动的，教师获得实践性知识的最好机会是在完成具体任务的过程中，是依据具体问题情境的"做中学"。其实，教师在承担挑战性与激励性的任务时，更容易表现出乐于学习、善于学习的品质。

5. 重视营造氛围。在实践性知识的学习中，同事间的交流氛围是非常重要的，所以才提出将教研组打造成"学习共同体"的概念。我之所以将团队建设放在校本研修之前来谈，也是要让大家认识到团队合作的重要性。

关于校本研修我先说到这里，下面大家讨论。

· · ·

问 校本研修是促进教师反思的，什么样的反思才是好的呢？

答 只要反思就是好的。不过，有专家认为反思可以分成三个层次：技术性反思、实践性反思和解放性反思。不同教师的反思水平会倾向在某个层次上。

技术反思取向的教师，他们反思的重点是寻找更经济、更有效的途径提高学生的学业成绩，他们认为只要直接运用某种方法和原理就能促进学生对学科内容的学习和掌握。他们会在反思中趋向于以效率为取向，以控制为中心，而将学生视为"工具"，他们很少关注不同学生的个体差异性。

实践性反思取向的教师，关注情境层面的问题，他们注重社会、学校和班级环境方面的反思，能将反思与具体的教学环境紧密结合起来。实践性反思不同于技术性反思，其目的不是要找到放之四海而皆准的某种技术，而是去寻找在特定条件下的特定的方法。当你越来越认识到教学的复杂性，越来越能与学生相互沟通、平等对话，更多地站在学生的立场上思考问题，那么实践性反思才会发生。

解放性反思取向的教师，他们在反思中努力寻找自己，他们的关注点在于给予足够的空间，让学生在学习中获得自主感和责任感，他们注重激发学生内在的学习需要和探究的能力。他们更能独立思考问题，而且会经常思考教育的本质问题。

概括地说吧，一个语文教师，如果他是技术反思取向的，那么他会想，"有没有什么好办法让他们考出好成绩？"如果他是实践性反思取向的，他会想，"在今天这个条件下，怎么才能改善？"如果他是解放性反思取向的，他会想，"语文的本质是什么，为什么要教这篇课文？"

问 我觉得在我们身边，好像技术性反思取向的教师真的不少。

答 这是非常值得我们深思的一个现象。原因可能是多方面的，可能因为我们习惯于创造"奇迹"，在教育界常常会有"造神运动"，似乎只要掌握了某种诀窍就能产生翻天覆地的变化；也可能大家比较世俗化和功利化，喜欢立竿见影；还有可能是教师长期被剥夺自由言说的权力，批判思维没有建立起来，尤其是自我批评的意识和能力没能得到发展，自上而下的灌输有力地排斥了教师做实践性反思和解放性反思的欲望和冲动。教师生活在一个制度化的公共生活空间，其说话和行为方式，很可能是在制度化的学校中潜移默化地被塑造的。以致教师除了按照学校话语系统所"规定"的一套话语方式来与他人交流并言说自己的生活经验之外，不会再说别的了。

问 您分析得很有道理，其实我们这些学员在与您交流的时候，可能也存在这个问题，虽然您试图让我们放开讲，而我们也想放开讲，可是我们却不是那么愿意讲，怕自己说错了，好像总是在害怕什么。

答 我们长期受的教育就是要削弱人们对知识和经验的感知能力，逼着我们只能在技术性反思的框架中改变自己的教学行为，而无法真正反思自己的生存状态，也不能真正触及教育的本质问题。更严重的问题是，教师又会在教学中支配我们的学生，把学生看作是具有普遍性、被动的和单一知识的人，也剥夺了学生对课程知识的创生能力，毫不隐讳地压制学生自由与民主言说的话语权力。所以，教师在反思活动中的"失语"，与学生在课堂活动中的"失语"是同构的。

问 您认为教师有反思的愿望和动机吗？

答 校本研修是群体活动，我们相信群体能给出愿望和动机。前提是这个群体是一个真正的共同体，这个共同体中的首要条件是建立具有自主策划意识的组织核心，确保教研组都能自主调研民意、自主论证策划、自我调整，这一系列的工作机制可以使校本研修活动更好地与教育教学实践活动相结合，使研修活动贴近教师，服务教学。在这里，我还是要强调，校本研修要充分发动教师思考并提出自己关心的教育教学问题，然后归类、汇总和反馈，只有这样才会激发教师们参与研讨的积极性，同时也保证研修主题始终围绕教师关心的教育教学实践问题。

3. 研修内容

有学员说关于校本研修和实践反思还有不少问题要问，那接着上一次的话题大家接着讨论吧。

. . .

问 您认为我们应该在校本研修活动中重点研究什么内容呢？

答 我无法确定，因为我不知道你们学校、你们教研组在教学中的主要问题在哪里，我认为应该针对问题选择重点内容。有时候，即使你认为你们学科教学中存在某些问题，可是教师们却未必这么认为，我们要选择教师们认为的问题来开展研究。不过，我这里可以罗列一些问题领域，比如说"教学准备"、"教学现场"、"作业"、"学习指导"、"学业评价"、"课堂控制"、"心理与道德"等等，可以先确定领域再筛选出问题。

我认为选择研修内容并不难，难的是真正完成从教研活动到校本研修的转变，我关心的是到底能不能促进教师反思并促进实践性知识的发展。

比如"教学准备"，也就是我们俗称的"备课"，如果我们的备课还是从管理角度出发，重在完成备课任务和落实检查，却忽视对备课的指导和备课活动中的平等交流，那还不是我们要的校本研修；在"教学现场"，我们依然是通过听课评课的方式来监视和监督教师，那也还不是真正的校本研修。

问 您能说得具体些吗？

答 我其实非常反对检查教师的备课笔记,我认为那是教师的"私事",教师交出漂漂亮亮的备课笔记本,又能代表什么呢?所以,我们"抓"备课,其目的在于促进意在改进教学设计的反思活动。这里,大家都要思考一下为什么要让老师们集体备课?是为了减轻教师负担吗?因为一起备课,每个人备一个部分,这样大家就可以轻松些,还是为了提高教学质量而研讨教法,要寻找最佳的授课策略?我认为都不是,每个班级不同,每个教师不同,甚至教学进度也不同,怎么可以让每个教师都用同一个教案呢?一些学校要求教师按同样的进度用同样的教法教学生,我是反对的,在此目的下的集体备课是成果取向的,而不是成长取向的。我主张要让教师为适应具体问题而进行个性化备课,大家先确定教学设计中想要解决的教学问题,以此为目的来进行专题研究。

问 我们平时教研活动以具体备课和听课评课为主,学生的作业也能作为研修内容吗?

答 作业是教学的重要环节,当然也可以是研修内容。比如说,学生课外作业中存在好多问题,我们先筛选出作业中的主要问题,而后针对这一问题展开"创意作业的优化设计"活动,要求根据课程标准、教学内容和学生的实际情况,选择一些具有典型性和针对性的材料,通过将学科问题与生活情景的联系,使作业过程体现一定的迁移意义。在活动中可以先请参与者观看一段课堂录像,约 15 分钟后请他们根据录像内容编制一组随堂作业;接着继续观看课堂录像到结束,再让他们在 15 分钟内编制一组课后作业;之后给每人 10 分钟时间分别解释自己组编这两组作业的思路;最后展开研讨。只要把握住校本研修的精髓,我相信大家可以创造出很多方法来。关于听课评课、课堂控制、学业评价等问题的研修,我将在之后的学习中专题与大家讨论。

问 对于校本研修中如何筛选问题,我想我们都听明白了。作为校本研修活动的组织者,您觉得又该如何来提高活动的有效性?

答 我想这里要提出一个最大的问题就是如何通过研修活动培植教师的问题意识和反思意识。由于专业背景和工作负荷的原因,教师们平时还是以执行性的工作为多,思考研究相对不足。在日常工作中,尽管教师们总会遇到一些困难和问题,但及时对这些问题进行记录、整理和反思的习惯还没有形成,因而主动发现问题、提出问题的意识就显得薄弱。一般情况下,只要一说问题,大家就开始埋怨学生,抱怨他们不爱学习,大家说了老半天还是停留在这里。因此,我们要去引导他们发现学生不爱学习背后的原因,帮助教师形成分析框架,比如说我们可以由此进一步问,"他们为什么不爱学习呢?"大家把学生不爱学习的可能的原因列一份清单,而后找出最可能的原因,大家再接着思考如何去改变。

你可以列一份这样的问题清单给大家,以帮助大家将问题引向深入:

1. 我们遇到的是什么问题?是普遍性问题还是特殊性问题?
2. 出现这个问题的可能原因是什么?
3. 这个问题对教育教学可能有什么影响?
4. 研究的预期目标是什么?试图改变教育教学的哪些方面?
5. 研究步骤和时间如何安排更为合理?
6. 在以往工作和研究中是如何解决该问题的?

下面我举个例子吧,王老师说:"我在实际工作中的问题与困惑是在上课过程中,尽管我多方引导,尽管我的问题非常容易,哪怕只是要求读一段课文,可是举手者都寥寥无几,而且其他班级也有类似的现象,令人费解。"

组长组织大家一起来分析可能的原因:1. 可能是由于班级新组建,师生沟通还没有很好地建立起来;2. 学生有怕羞心理,害怕回答问题不合教师口味;3. 依赖思想,依赖教师给他们现成的答案,不愿动脑;4. 教师提的问题学生不感兴趣,他们没有回答的积极性。

针对可能的原因,大家建议王老师采取以下措施:1. 通过班级互助学习和小组互助学习,在小组中讨论、练说;2. 教师多接近学生,"蹲下来"跟学生交流,丢开传统的师道尊严,建立新的师生之间的朋友关系。坚信要让学生喜欢你的课，就要先喜欢你的人。

在一个阶段的实践之后，王老师取得了成效，他在研修活动中告诉同伴们说，"通过努力，同学们有所改观，特别是王××、郑××等同学确有进步"。

在大家分享成果之后，组长进一步组织讨论，之后王老师提出拟在今后要采取的措施：1. 教学中要充分发挥学生的个性特点，让学生真正参与到学习中来；2. 注意问题的设计，研究如何提问的艺术；3. 尝试对学生依赖心理和害羞心理的指导。

我想这个过程就是我所希望看到的校本研修。可见，组长的作用很重要。

问 有没有什么办法可以评估教师呢，他们参加校本研修活动要不要评估呢？

答 当然要评估的，我建议让教师自由选择研修内容和方式，而后按照他们的计划来评估。关于"教师研修计划"，你可以让教师们做"选择题"，比如说，你可以请他们根据工作实际，在以下各项中选择3项作为自己的年度研修目标。

在研读学习方面：

1. 研读《×××》，结合学习与实践写1~3篇有关论文或案例。
2. 研读《×××》，结合学习与实践在学校教师论坛上做一次专题发言。
3. 阅读3~5本经典名著，做40条以上文摘或笔记。
4. 写好班主任管理日记，写2篇案例或论文。
5. 开展综合实践活动两次以上，完成案例2则。
6. 研究打磨一节体现"合作与探究"的公开课，做一次关于该教学模式的中心发言。
7. 在学校网站上上传"我最满意的一个教学设计"。
8. 在学校网站上上传"我最满意的一次单元学习检测方案"。
9. 在学校网站上上传"我最满意的三次作业设计"。

10. 在校园网"教师论坛"上发 3 则关于教育教学问题的有意义的主题帖。

这里要注意的是，我们一定要改变过去主要通过成果数量的统计来评价教师研究工作的做法，要多采用展示性的团队评价，让教师把一年来开展的生动活泼的研修过程拿出来展评，通过发展性评价的方式促进教师团队研修的开展，促进教师之间的成果交流。

一些学校尝试开展"教师研修学术节"活动，通过为期一个月的"学术节"活动，让教师们对自己一年来的学习研修情况做小结和交流，借展示促进学习，同时进行以同行评价为主的教师研修评价，这是我最推崇的方法。

问 我认为集体反思固然重要，但是不能替代个人反思。

答 是的，只是个人反思很难长期坚持，群体内的反思更有动力，也更能分享成果。不过，你能鼓励同事们做个人反思，我非常赞成。我想你可以给他们出一些用来反思的问题，比如说，课后，教师可以给自己提出这样几个问题：

1. 这堂课在哪些方面达到了预期的教学目标？如果说达到了，标志是什么？如果说没有达到，标志又是什么？

2. 这堂课在哪些方面是成功的？在哪些方面还可以进一步改进？后续的教学打算有哪些？

3. 这堂课的教学设计与实际教学行为有哪些差距？我在课上是如何处理这些差距的？处理的方法是否恰当？

4. 这堂课上发生了哪些令我印象至深的事件？这些事件对我来说意味着什么？我以后需要关注什么？

下面我要小结一下，这一节有点长，但是核心概念只有一个，那就是"反思"。反思能力是教师持续发展的一种必备素质，只有学会反思，一个人才能不断矫正错误，不断成长。教师可以通过撰写教学日记、利用教学录像进行个人反思，但更多的是进行群体的反思，主要借助校本研修来完成。无论个体的还是群体的反思，都要完成两个步骤，就是杜威提出的：1. 形成一种产生思维活动的怀疑、犹豫、困惑、心灵困难的状态；2. 为了发现和解决这种怀疑，从而消除和清除这种困惑而进行的探索、搜集、探究等行为。

4. 校本培训

课间休息的时候，大家问的比较多的是校本培训，那就和大家聊聊这个话题。

我们今天正在进行的培训被称为在职培训，虽然我会安排一点时间供大家讨论，可是基本上还是你们提问，我这个"老师"、"专家"来回答，所以基本的模式就是理论和知识的灌输。一般而言，在职培训有五个目标类型：1. 员工的发展，使全体员工具备实际的应用技能；2. 教师发展，使教师个体具备实践技能；3. 职业发展，使教师个体具备晋级的潜能；4. 专业发展，提高教师的学术能力和实践能力；5. 个人的发展，为教师提供有助于个人成长的各类项目。从分类上看，你们参加的这个培训属于第五类——个人的发展。

为了增强此次培训的有效性，我与你们教育局一起做了调研，力图了解你们的需求，同时在组织方式上做了一些改变，就是让大家一起来交流，提供更多的互动机会。

但是，这还不是真正高效的在职培训，真正高效的在职培训是将教师的专业成长和学校发展密切联系在一起的一种模式，也就是所谓的校本培训。

教师的在职培训有四个出发点，分别是政府（教育局）中心、高校中心、教师中心、学校中心。原来的在职培训是以政府（教育局）为中心和以高校为中心来展开的，而校本培训是始于学校的培训，同时兼顾教师的需要。

下面我要列举英国谢菲尔德大学研发的"六阶段校本培训模式"，大家应该就能理解什么是校本培训了。

第一阶段：确定需要。由校长和教师提出教师进修的意向，明确哪些教师的哪些方面需要培训提高，再把这些信息传达给大学或培训机构，以便大学或培训机构实施针对性的培训。

第二阶段：谈判。中小学校长根据本校教师进修需求，与大学或培训机构洽谈进修计划。

第三阶段：协议。在大学、教育行政部门和中小学共同参与下，提出一份详细的培训协议，交给即将受训的教师征求意见，在得到教师认可后方被确定。

第四阶段：前期培训。由大学培训人员介绍学科发展近况和教学方法论原理，作为导引性课程。这一培训一般在大学培训机构进行，大约为期两天。

第五阶段：主体培训。大学教师深入中小学教学第一线，与中小学教师集体备课，一起钻研教学难点与重点，选择教学方法，设计教学结构，评价课程效果。

第六阶段：小结。协议规定的项目基本完成后，教师对自己进修过程中获得的知识、经验、技能与策略进行总结与评价，并反馈给学校、培训机构作为设计补救计划或新的培训计划的依据之一。

以上是国外的一个例子，很好地体现了校本培训的特点。下面再举来自上海的经验，上海这些年来一直在做教师在职培训的自培基地，自培基地是校本培训的一种模式，呈现以下特点：

1. 一校一专题，或体现学校办学新理念，或体现教改实践的新探索。这些理念、成果都对应于教育教学实践中急需解决的问题。

2. 培训课程由教育改革实践经验和教育科研成果转化而成，贴近教师实际。这些经过实证的经验和做法，有较强的实践性与应用性。

3. 以"现场教学"为主要培训形式，研训结合，注重学以致用。教师在教学现场直接观察和接受培训者指导，并与同行进行交流讨论。

4. 培训考核注重实践，采用案例分析、上实践课、组织教学观摩评比或现场实践操作等形式。这些方式有助于促进教师对教育教学行为的反思与改进。

下面给大家介绍一下常见的几种校本培训方式,供大家参考:

1. 技能型培训。比如"教育教学基本功训练"、"说课训练"、"微格教学训练"、"现代教育技术培训"等。

2. 实践型培训。比如"导师带教"、"校际教师交流"、"行动研究"等。

3. 评价型培训。比如"听课和评课"、"课堂教学评优"、"主题班会观摩"等。

4. 理论型培训。比如"专题讲座培训"、"自修—反思培训"等。

5. 研究型培训。比如"微型课题研究"、"实证研究"、"设计研究方案"、"撰写教学个案"等。

好了,关于校本培训先介绍到这里,大家讨论一下。

. . .

问 学校领导要求我们教研组共同读一本书,要我们制订个计划,您看怎么做才符合校本培训的要求?

答 我的答案不一定就是最好的,我提一个方案供大家参考。现在假定我就是你,是语文组教研组长,我先和组员们一起选一本书,比如说就是我手里拿着的这本吧,是华东师范大学出版社大夏书系中的一本,我将围绕研读这本书的校本培训分为四个步骤:

第一步:自学。我先组织大家自学,给每个章节确定3名重点研读员。这本书一共12章,所以我一共安排36名重点研读员。

第二步:自辅。我每月安排一次集中学习,事先通知大家通读某个章节,学习会上请这个章节的3名研读员作辅导发言,每人脱稿谈15分钟的学习体会。他们将主要谈三点:本章主要有哪些观点?本章哪些观点和提法与我们的教育教学行为有联系?学完本章后,对今后教育教学有哪些建议?

第三步:质疑。在3名重点研读员分别发表意见后,请在场教师就相关话题进行提问或发表观点,形成对话。

第四步:点评。由主持人整理点评小结,邀请专家综述,并布置若干教师结合岗位工作能够完成的小作业。

这四个步骤中，第三个步骤很重要，因为这个步骤要完成一个重要的任务，就是将书本上的理论知识与实践相结合。

问 您刚才提到的校本培训模式与之前您给我们讲的校本研修有什么不同？

答 校本培训属于培训，所以专家的介入要深一些，所以我在设计时安排重点研读员，而且在第四个步骤邀请专家综述。

校本培训最早在英国出现。1971年，英国约克大学名誉校长詹姆斯·波特在《詹姆斯报告》中建议："每一所学校都要有一名专业指导教师，负责协调教师在职培训，并充当学校与有关机构联系的纽带"。总之，校本培训的目的性更强，毕竟属于培训范畴，校本培训都需要在培训前做周密的计划。

问 从您刚才给我们提供的设计方案中，我看到您将一本书的学习内容拆解开来，这有什么用意？

答 是的，我认为拆解系统课程为"串珠课程"是有道理的，学习内容的主题化是校本培训与传统教师在职培训的又一个区别。此外，校本培训与其他培训一样，也是要给教师留作业的，培训前的作业和培训后的作业都要做。我非常看重培训前的作业，如果事先的知识准备不充分，会影响到后续的培训质量，也会使教师们的参与度下降。

问 您认为校本培训应坚持"以校为本"还是"以师为本"？

答 既然叫作"校本培训"，我看应该主要是"以校为本"，但要兼顾教师的需求和他们的个性，这也是校本培训与校本研修的又一个区别。"以师为本"应成为校本研修的出发点和归宿，而校本培训则更多地强调教师为社会发展和学校发展所应承担的义务，不过最终的目的都是为了学生的发展服务。

5. 听课评课

下面我们开始研究如何听课评课，这也是大家非常关心的一个话题。听课评课作为一种校本研修方式，是指我们直接进入课堂，现场观察评价对象的教学实践，从中发现优点和缺点、经验和教训，并作出相应的评价。这里要讨论几个问题：1. 我们为什么要听课评课？2. 如何做好听课评课的准备？3. 如何听课？4. 如何评课？

首先，我们为什么要听课评课？

我想这个问题不必多谈了，听课评课的目的主要在于促进教师专业发展。当然，有时候听课评课也是为了检查教师的工作，这就不是我们要讨论的问题了，因为我们在探讨校本研修，校本研修是促进教师专业发展的一种方式。

第二个问题，如何做好听课评课的准备？

我想在听课评课前，我们要问一下自己："我了解教学进度吗？""我了解这堂课的教学目标吗？""如果由我来上这堂课，该怎么上？""我了解授课者可能遇到的困难和问题吗？""我在听课时是作为旁观者还是参与者？""我的听课重点是什么？是全景式的还是有重点？还是同时兼顾？"

第三个问题，如何听课？

我想先说一下我们听课中可能存在的七个坏毛病：1. 心不在焉，觉得听课单调无味，所以没有求知欲；2. 一味批评，边听课边挑毛病；3. 过激反应，因为偏见，所以失去理性，不用脑子而只是感情用事；4. 只为评课，因为忙于分析形式和风格而忽略了内容；5. 伪装注意，虽然事实上没有兴趣，却假装很专注；6. 分心，因为一点小小的理由，比如脚步声、开关门的声音、咳嗽声以及铅笔落地的声音而中断聆听；7. 浪费思考速度，因为思考的速度要比讲话的速度快得多，所以听着听着就走神了。

听课还是有一定的规矩的，我们应该在上课开始前进入教室，坐在教室后面或者角落里，坐定之后花点时间观察一下课堂环境；上课开始后，我们应该进入记录状态，听课记录要尽可能完整，不要间断，在事实、评语和建议旁边做好明显的标记；听课者必须自始至终听完一堂课，不应中途进入教室或者中途退出。

第四个问题，如何评课？

首先是要确定课后评价的时间。课后评价所需时间一般不少于20分钟；我们一定要给予授课人反馈信息，因为如果在听课以后不向授课人提供反馈信息，就会使评价对象感到失望，也会降低你在教研组内的威信。还有，要及时反馈，课堂听课与课后评价之间的间隔时间不宜过长。总之，时间上要充足。

评课地点放在哪里合适？随意安排在走廊或某个角落，显然不合适，因为评课是一种很正式的活动，不可太过随意。最好安排在一个安静的场所，这样可以免受电话和同事、学生、来客的打扰。

一般授课人大多会比较紧张，即使其课堂表现非常好，在接受评价时也会很紧张，因此作为评课人，我们应该保持积极的态度，要兴致勃勃地完成评课过程。

具体的评课过程，我建议可以分五步进行：

第一步，宣读听课记录。双方一起回顾课堂情景，评课人应该将听课记录的事实、评语、建议毫无保留地呈现给对方。

第二步，给出自我反思的时间。给出足够的时间让对方对自己的课进行评价和反思。

第三步，夸奖。听课人对授课人成功之处予以赞扬，无论采取何种表达方法，评价者都应该积极地肯定被评价对象的优点。

第四步，提出建设性建议。是提建议而不是提意见，语气应该委婉，措辞要理性，态度要谦和。

第五步，行为跟进。这是听课评课式校本研修的后续阶段，也是研修活动取得完满的关键。

听课评课先说到这里,下面讨论一下吧。

· · ·

问 您认为随堂听课合适吗?我不愿意被领导随堂听课,我觉得他对我不够尊重。

答 所谓随堂听课就是在听课前,听课人事先不通知被听课对象,也不希望对方为应付你的听课而事先刻意准备。有人认为只有事先不打招呼,才能了解真实状况,一旦事先打招呼了,难免有作秀或表演的可能。我认为有这种想法的人,是将听课评课的目的锁定在管理和控制上了,对教师专业成长没有太大益处。我主张事先与听课对象打个招呼,既然要与对方平等交流、共同成长,你就得尊重对方,更何况在进入课堂前,你完全不了解教学进度、教学目标、教学计划等相关事宜,又怎么能帮助对方改进呢?

问 您能给我们介绍一下听课评课的标准吗?

答 我看到比较多的是全景式的听课标准。

比如美国最有影响的两个面向中小学教师的标准框架:一是由罗兰·萨伯领导的芝加哥大学里的"教育、多样性、卓越化研究中心"(CREDE)开发的五条课堂教学有效性标准;另一个是由夏洛特·丹尼尔森负责的于1996年研制的"专业实践构成框架"(Components of Professional Practice)。你们可以自己去搜一下,相信对大家会有启发。

再比如在英国,从1994年到1998年间,教师培训机构(Teacher Training Agency,TTA)主动为教师开发国家课堂教学有效性标准,我摘录一下这个标准的说明部分:

1. 评价者的课堂听课次数至少两次以上。
2. 课堂听课重点务必事先商定。
3. 在听课过程中,评价者务必将注意力集中在事先商定的重点方面,并准确地做好课堂记录。

4. 当场不作判断，听课完毕时，向评价对象致谢。

5. 根据商定的时间进行听课，未经双方同意，评价者不得擅自以任何方式参加课堂活动。

6. 听课结束后，尽快在平静、舒适、免受干扰的气氛中向被评价对象提供反馈信息。

7. 除非得到被评价对象的同意，否则在听课结束后，评价者应该向被评价对象递交一份听课记录的复印件。

8. 对课堂听课项目不必逐项作出评价，应该根据学科性质、教学内容等因素进行适当取舍。

我读到这里，大家听出什么了？是尊重，对的，是听课和评课过程中无处不在的尊重。

我也看过我国一些地方教育部门研发的课堂教学评价标准，但我总感觉全景式的听课模式虽然"大而全"，可针对性差一些，而且听课人的负担太重，要在一堂课里观察那么多的点，而且还要一一作出评价，实在是太难了，到头来只有凭感觉草草了事。我主张有重点地听课评课。

我们可以将评课的重点分为一般重点和特殊重点，一般重点主要是课堂教学模式和方法、有效教学行为等；特殊重点的确要灵活得多，可以根据不同学科的不同课型来评课，可以是被评价对象的个人意见，还可以针对教师专业发展不同阶段的特征来评，比如说青年教师和老教师的课可能重点就不同。

我建议每次课堂听课，最多只能集中观察两个或三个特殊听课重点，因为无论你听课经验多么丰富，听课技能多么精湛，要求不分主次地仔细观察过多的特殊听课重点，是不现实的。

问 在做自我反思的时候，开课的教师总是在做自我批评，是不是反思就是要做自我批评？

答 在自我反思时人们习惯做自我批评，这是正常现象。可也不尽然，有研究表明：男性不太愿意在女性同事面前袒露自己的专业缺点；老教师不太愿意在青年教师面前暴露缺点。为了能使自我反思更有效，教研组可以提供一张课堂听课自我评价表，自我评价表上可以提出一些需要对方反思的问题：

1. 你如何确保完成教学进度？
（1）你是否准备了教学材料，并分发给学生？
（2）教室布置是否适当？
（3）你的课讲解清楚了吗？学生是否能够充分理解？

2. 你如何鼓励学生取得进步？
（1）你是否正确地对待所有的学生？
（2）你是否关心每一位学生或每一个学生小组？
（3）作业是否适合不同能力水平的学生？
（4）学生的嗓门太大吗？这有利于教学吗？

3. 你如何鼓励学生了解自己的水平？
（1）下课前，你是否做了小结或者讲评？
（2）你对这节课的结尾工作满意吗？
（3）学生对这节课感兴趣吗？
（4）你对这节课感兴趣吗？

4. 你对下一节课是否有了进一步的考虑？

问 我越来越感觉到行为跟进的重要性，我们一些研修活动之所以效果不理想，往往是因为大家讨论的时候热血沸腾，可是一段时间以后却发现课堂里什么也没有变。

答 行为跟进就是在反思之后再来实践一次，即"做"一遍。这时的"做"不是简单地做，而是在深思熟虑之后的有意识地做。为了确保行为跟进，我讲几条操作要点：1.确定行为责任人，这个人必须是参与了整个研修过程的人，他对行为跟进的问题、相关的程序以及潜在的机会都非常了解。2.维持小组热情，尤其是要通过重新聚焦目标来保持大家的劲头。3.制订具体的行动计划，将想法变成行为，在计划中决定每一步开始和完成的时间。4.评估与交流，行为跟进的成果需要安排一个交流的环节，这对大家都是一个激励。

问答 您谈到可以将一般重点设定为"有效的教学行为"，您认为可行吗？

是的，我非常赞同在听课时能细致观察教师的课堂行为。确实有些行为能提高课堂教学的有效性。美国教育家麦肯1982年对72名教师进行调查，他发现学生的学业成就与教师的行为相关，这些行为与教学过程中四个方面的活动有关。它们分别是：课堂教学的管理与训练；组织以一定的顺序呈现教学内容；语言的交往；师生之间的相互作用。

下面我举几个有效行为的例子，大家觉得可以的话，可用来作为课堂观察的观察点：1. 教师应当在教室内多巡视，以督促和检查学生的学习；2. 教师应当保证在学生独立学习时指定的作业是有趣的和有价值的；3. 教师应当运用一种准确的信号以引起学生的注意；4. 教师应在引起所有学生注意时，才开始对全体学生讲课；5. 教师应当能够在同一时间内与更多的学生一起交流；6. 教师应当使一节课平稳地流动，即顺利地完成从一种活动向另一种活动的转换；7. 教师的行为应保持课堂的安静；8. 教师应当准确地对学生各种明显的或细小的、情感的或体验的反应作出回答；9. 教师应当使用如重新措词、提供线索、提出问题等各种手段帮助学生在回答不正确时提供一个重新回答问题的机会……

6. 教学模式

教学改革领域有个热门词语"教学模式",不少学校都在自主研究有效的教学模式。今天要和大家聊一聊什么是教学模式,如何建构教学模式。

首先我要表达的观点是,世界上不存在最好的教学模式,合适的才是最好的。为什么这么说呢?因为所谓教学模式就是在一定教学思想、理论指导下建立的,比较典型的、稳定的教学程序或阶段,根据不同的教学场景,我们应该选择合适的教学模式。那些没有教育思想和理论支撑的所谓模式,其实不能被称为教学模式。那些源于某人头脑而在现实中未加验证的一种方法、一套方案、一个计划,那些复杂和费解的、不够简约的,都不能被称为教学模式。

比如说孔子的"学—思—习—行",虽然是一个"比较典型的、稳定的教学程序或阶段",但是那是孔子脑袋里蹦出来的,没有教育思想和理论支持,也未加科学验证,所以不是教学模式。《中庸》里的"博学之—审问之—慎思之—明辨之—笃行之"也不是教学模式。夸美纽斯的"观察—记忆—理解—练习"也不是教学模式。

直到赫尔巴特提出了以统觉论为基础的教学模式:"明了—联想—系统—方法",之所以被称为教学模式是因为有了教育理论作为依据。

杜威依据进步主义教育理论,提出"发生困难—确定问题—提出假设—推论—验证"的教学模式,那是教学模式;凯洛夫依据马克思主义认识论,提出"感知—理解—巩固—运用"的教学模式,那也是教学模式;布鲁纳的结构认识论,产生了"明确结构、掌握课题、提供材料—建立假说、推测答案—验证—作出结论"的教学模式。

那么，曾风靡全国的某中学的"三三六自主学习模式"，你们认为它是不是教学模式呢？我认为还不能被称为教学模式，因为他们的所谓教学模式是"在摸索中实践，在实践中总结，在总结中反思，在反思中沉淀，逐渐提炼升华出的"，是经验主义的产物，而不是有着坚实的思想理论基础的"模式"。

还有一些不能被称为模式却被误解为模式的东西，比如上海某校提出的分层次教学模式："组织动员—心理教育—选择层次—班级编排—教学设计—常规管理—分层评价"，实际上是一套分班方案而不是教学模式。

现在很多学校是先有所谓的"教学模式"，再去寻找某种理论依据，这种做法不建议效仿。但是洋思中学的教学模式倒是受到布鲁姆掌握学习模式的影响，其"没有教不会的学生"也是从布鲁姆的经典语句"如果提供适当的学习条件，大多数学生在学习能力、学习速度、进一步的学习动机等方面就变得十分相似"中脱胎而来，只是说得更极端些。大家可以看一下洋思中学教学模式："介绍学习目标—自学指导—学生自学—学生练习—指导学生运用—当堂完成作业"，你看是不是布鲁姆的"子孙"？

什么是合格的教学模式？符合以下要求的是合格的教学模式：1. 重培养能力；2. 以学生为本；3. 有心理学理论依据；4. 重演绎，即从一种思想或理论假设出发设计教学模式，用实验检验证明其有效；5. 完整表述。用这五条标准来审核的话，现在市面上风行的教学模式中的绝大多数都应该被判为不合格。

大家如果要建构教学模式，那么建构出来的教学模式应该如何完整表述呢？我想，至少应分为五个部分来阐述：主题、目标、条件、程序、评价。下面我来具体谈一谈：

1. 主题表述。教学模式的主题是指教学模式赖以成立的教学思想或理论。那么，哪些理论可以作为构建教学模式的依据？大家都知道教学方面的三大心理学：行为主义、认知理论、建构主义。

从行为主义理论中脱胎出来的教学模式主要有目标教学和掌握学习，这两大教学模式都曾经深刻影响到我国的教育。但是，行为主义指导下的教学模式使教师成为了教学的中心，造成了一种"满堂灌"的教学模式，非常不利于学生的全面发展，这种模式培养出一大批没有思想与主见的高分低能者。我们看到那些所谓升学率突飞猛进的学校多半在构建模式时用到行为主义方法。

认知理论下的教学模式，最典型的是范例教学模式，即"阐明'个'案—范例性阐明'类'案—范例性地掌握规律原理—掌握规律原理的方法论意义—规律原理运用训练"；现象分析模式，即"出示现象—解释现象的形成原因—现象的结果分析—解决方法分析"；加涅模式，即"引起注意—告知目标—刺激回忆先决条件—呈现刺激材料—提供学习指导—引发业绩—提供业绩正确程度反馈—评价—增强保持与迁移"等。

建构主义旗下的模式主要有"自学—辅导"式，即"自学—讨论—启发—总结—练习巩固"；探究式教学，即"问题—假设—推理—验证—总结提高"；抛锚式教学，即"创设情境—确定问题—自主学习—协作学习—效果评价"；合作学习等。大家现在谈的比较多的自主、合作、探究，都主要是在建构主义理论下的提法。

2. 目标表述。目标是教学模式结构的核心因素，使用什么样的教学模式必须依据教学目标。比如，为让学生能在短时间内接受大量的信息，为培养学生的纪律性，为培养学生的抽象思维能力，就要使用直接教学模式，直接教学模式是行为主义理论下的教学模式；如果为培养学生分析问题、解决问题的能力，为发挥学生的自主性和创造性，培养学生相互合作的精神，那就要用到建构主义心理学理论下的模式。

那么，当前考试制度下，为使学生考出好成绩，你将主要使用什么教学模式？看来还是行为主义和认知理论下的教学模式比较管用。而你想上一堂公开课，你为了让公开课体现前沿性，你会使用什么教学模式呢？我看你多半会使用自主、合作、探究方面的模式。

3. 条件。任何教学模式都是在特定的条件下才有效的，条件因素包括的内容很多，有教师、学生、教材、教学工具、教学时间与空间等。比如"自学—辅导"模式适合于难度适中，学生比较感兴趣的内容，而且要求教师要有很高的组织能力和业务水平。再比如探究模式，则要求教师一定要尊重学生的主体性，要创设一个宽容民主平等的教学环境。合作学习模式要求学生之间有积极的相互依靠关系，需要学习者和教师都具备合作技能，而且班级规模不能太大。一些学校的教学模式之所以无法推广，往往是因为这些教学模式没有具明条件，或者有些特殊条件却被秘而不宣，尤其是生源条件，常常被一些学校隐去。

4. 程序。任何教学模式都要有一套独特的操作程序，详细具体地说明教学的逻辑步骤、各步骤完成的任务等。

5. 评价。教学模式一般要规定自己的评价方法和标准。是结果评价还是过程评价，是自评还是他评，恐怕不同的教学模式都有不同的方法。

总之，构建教学模式是一件科学性很强的事，切不可狂妄自大。下面大家讨论吧。

. . .

问 照您的意思说，我们不用去费劲构建什么教学模式了？

答 是的，至少不要在校本研修中尝试构建什么教学模式。校本研修的任务是发现我们教学中存在的问题，而后寻找到合适的教学模式，而后去行动，再去反思，再去行为跟进。

问 您今天的课让我感觉自己很无知，看来我们真的得补一补教学模式的课。

答 是的，我也是后来通过自学才明白的，确实需要先学习，至少要将三大心理学的主要教学模式学会。我想，从历史上看，杜威之后的西方教育家们所构建的教学模式都是可以学习的。比如"五阶段"教学模式，"发现学习"教学模式，"无指导者"教学模式，"范例"教学模式，"掌握学习"教学模式，"七阶段"教学模式，"程序性"教学模式等，都是可以学习而且必须学习的。只有掌握了足够多的教学模式，我们才能在教学中针对我们的问题灵活运用多种教学模式。

问 一些学校校长比较强势，规定教师必须使用某种教学模式，您支持吗？

答 我反对，强烈反对。

问 不过确实有些学校成功了呀，比如你们上海的成功教育模式。

答 我从来不认为成功教育、愉快教育是教学模式，我称这些模式为教育改革模式，是针对那些学校特定的问题提出来的某种操作模式，而并不是每一所学校都存在他们的问题，所以不能推广。

7. 教学方法

谈完教学模式,下面要谈谈教学方法了。与教学模式一样,校本研修研究教学方法的主要任务也不是去建构什么新方法,而是从各种已有的方法中找出最适合的,还是那句老话,适合的就是最好的。

教学方法很重要,教师之所以取得成绩,很大程度上是因为采取了灵活多样的教学方法,甚至可以说,教学方法可以决定教学效果。

历来,教学方法的两大传统,一是讲授教学法的传统,一是探究教学法、对话教学法的传统。我国从第八次基础教育课程改革开始,积极倡导自主、合作、探究的方式,集中体现出"探究教学"和"对话教学"的精神。

那么,教学方法到底有多少种呢?在教育学教科书中的论述,一般只论述六七种;在实际教学中所使用的教学法,却不限于几十种、几百种,没有一个固定数量。

是不是有最好的教学方法呢?没有,比如说,我们常用的讲授法,对能力强的学生很有好处;在大班额条件之下,采用讨论和探究的教学方法,弊大于利;一对一教学、同伴辅导和表扬最适合能力差的学生;讨论法既不适合能力特别强的学生,也不适合能力特别差的学生。所谓优化教学,就是根据不同的学生、不同的教学目标采取不同的教学方法。

这里,我要向大家介绍四种最常用的教学方法:讲授、讨论、独立学习和个别指导。

首先介绍讲授法。什么是讲授?讲授就是知识更渊博的人向知识不够渊博的人进行的传递信息的谈话。从教师的角度称为讲授,而从学生的角度看,因为学生是信息的接受者,所以称为接收式学习。

如何衡量我是不是一个优秀的讲授者？你可以参照以下标准：1. 表达流畅、清晰，有条理地、逐步地将信息呈现给学生；2. 友好，幽默，富有激情，吸引学生的注意力；3. 了解学生及他们的差异性；4. 对所讲的内容非常熟悉；5. 把将要教的知识和学生已知的知识联系起来；6. 以提问和评论的方式进行互动。

什么时候采用讲授法是适合的呢？1. 传递知识是主要的教学目标；2. 除了口头方式，目前还不能以书本等其他形式传递；3. 这些知识是为你的学生专门挑选和组织的；4. 学生对你所教的感兴趣；5. 你教的这些知识不需要记住，在日常生活中这些知识也不会被应用。

为什么讲授法会被猛烈批评，几乎所有的教学改革都将讲授法作为批评的靶子，无论激进的还是保守的改革都会将讲授法作为对立面。这是因为讲授法存在着较大的局限性，比如学生往往被动学习，不能很好地参与课堂学习；学生被灌输了太多知识，而能力没有得到发展；学生厌学情绪严重，而产生很多纪律问题；那些注意力不够集中、记笔记能力差、记性不好的学生有可能会跟不上，而逐渐变成"学困生"。

接下来我介绍一下讨论法。什么是讨论？讨论就是把讲话的机会让给学生。课堂上一旦组织讨论就会很费时间，可为什么还要使用讨论法？那是因为讨论法能扩展学生知识面，确保学生熟练掌握知识；能使学生有机会审视自己的观点；可以解决与生活密切相关的问题；能提高学生与人面对面交流的能力、思维和探究能力。

一个优秀的教师应该成为一个优秀的课堂组织者，他要理解学生和大多数人一样，都有和他人交流的强烈愿望；他要将提高学生解决问题的能力以及人际交流的能力作为自己的教学追求。

能否有效组织课堂讨论，对教师是一个专业上的考验。你得学会让学生提更多问题，让学生进行更多探索和思考；学会推动讨论，保证学生始终围绕话题进行讨论而不跑题；要学会消除学生的紧张情绪，让每个人都感到自己是讨论小组的重要一员；你还要学会在学生的观点发生分歧时如何进行调解；你还要教学生如何作出合理的评论，教学生应该何时发言、发言的长短，以及如何批判性地看待他人的评论。

所以，要成功地组织课堂讨论并不是一件容易的事。如果出于害怕，怕自己丧失在知识和管理方面的权威而不愿意让学生参与讨论，那么你就可能永远也不能胜任课堂讨论组织者的工作，而你的学生也将在你的讲授法中渐渐失去学习的兴趣。

下面介绍独立学习，所谓独立学习的方法主要是指布置作业让学生独立完成，有课堂完成的作业，也有家庭作业。

让学生独立学习是重要的，因为学生需要复习或操练知识点才能巩固所学的知识，复习本来是信息加工的一部分，能将新信息储存进我们的长时记忆中；通过作业还能检测学生是否掌握了所教的知识或技能；还能帮助学生学会如何自主学习。

最后讲讲个别化或差异化指导，又叫量身定做的教学方法。让我们的教学更适应个别差异，一直是教育者的梦想与追求。为了有效地进行个别化教学，我们应该了解每个学生，对他们了解得越多，就越可能满足他们的特长和需要。

个别化教学虽然是个好方法，也是我们理想的方法，但是往往受限于人力、物力和资源，所以全面实现个别化指导是无法实现的。可我们也还要尽可能对问题严重的学生采用个别化指导，以体现教育的公平性。

接下来我们讨论讨论吧。

· · ·

问 我理解了您的思想，您认为不存在最好的模式，也不存在最好的方法，一切要在实践中检验，而后再通过反思获得自我的提升，这个过程就要由校本研修来完成。下面我想问一个问题，PPT 在教学中能起什么作用？

答 正如你刚才所认同的，没有一种方法可以用在所有的情境中，PPT 也是如此。PPT 是讲授法的一个补充，是用来做知识呈现的，PPT 能够清楚地表明讲解者的观点。但是，正如所有讲授的方法一样，PPT 本身是无法激发学生思考和讨论的。

问 既然讲授法存在那么多的问题而受人诟病，可是为什么还有那么多人不愿意放弃讲授法呢？

答 在不适合使用讲授法的时候却坚持使用讲授法，可能有以下原因：1. 我们在当学生的时候，我们的老师就是使用讲授法教我们的，这就构成了我们的一种经验。2. 我们从小就是被老师讲授出来的，而且我们不是也成长得不错吗？我们不是也从讲授中获得教益吗？所以我们可能并不认为讲授法存在什么问题，至于学生不听讲，那是他们的问题，而不是讲授法的问题。3. 也许你很喜欢说话，有人专注地听你滔滔不绝地讲授是一件很令你享受的事，你很享受讲授带来的快感。4. 课堂时间非常有限，而要教的内容却又很多，你没时间用别的办法。5. 你可能不知道除了讲授之外还有别的教学方法，没有人培训过你。6. 你知道有其他教学方法，也知道其他教学方法的好处，可惜你没能力采取其他教学方法上课。总之，人们固守传统的教法有时候是理性的而有时候是非理性，校本研修就是要帮老师们去好好地反思。

问 讨论法也有问题呀，您认为课堂讨论有哪些局限性？

答 是的，讨论法也不是完美无缺的，使用不当也会影响课堂效益。有不少老师问我："只要一开展讨论班级就乱了，该怎么办？""学生年龄太小还不够成熟，是否适合课堂讨论？""讨论总是离题，怎么办？""讨论由少数几个优秀的学生控制着，其他学生得不到机会怎么办？""有的学生不太愿意参加讨论，他们总是不发言怎么办？""教学任务完不成，怎么办？"我觉得这些问题都是校本研修的素材，校本研修就是要围绕这些真实的问题来展开的。

问 要是教学都是个别化的那该多好。

答 我不这么认为，让孩子们在群体中学习，这是学校还能存在下去的理由，即使将来物质条件极大地丰富了，孩子们还是要学会在群体中获得生存和发展的机会。我认为，个别化指导是对大班级授课的补充。

在这方面做得比较成体系的是"道尔顿计划"和"文纳特卡计划",大家有兴趣的话可以检索一下。"道尔顿计划"将学生一天的时间分成两个部分,上午学生按照约定的每月作业量自由学习,通常是独立学习,不受干扰,按照自己的步调进行;下午,学习小组参与社交活动、职业技术活动和体育活动。"文纳特卡计划"将上午留作学习算术、阅读和语言艺术等知识性学科的时间,学生主要通过自学来完成这些学科的学习。这两个计划在我们国内早就有人尝试,但是目前我还没有看到成功的范例。

问 您认为微课之类的有没有前途?

答 这方面我没有做多少研究,但我认为慕课、微课充其量替代了讲授法,或者是作为讲授法的补充而存在,对讨论式的教学方法不构成影响。至于能否运用到个别学习中,我相信还是有些好处的。我倒是对编程教学和计算机辅助教学挺感兴趣,如果把学习内容分成容易学习的小块,当学生顺利学完一块学习内容后,就可以继续学习下一个小块;假如学生不能理解某一块内容,程序就会指导他再次学习,或者提供额外的信息来帮助他加深理解。这种方式可以解决个别学习中的问题,我比较看好这一块。

8. 个性差异

下面和大家聊聊教学如何满足学生的个性差异问题。经常有人问我，什么教学才是好的？我的答案是实现了"均衡"的就是好的，我们现在的教学存在的问题是不均衡，学生的个性发展需要没有得到满足，这就不均衡了。因此，我们就要来研究教学如何更好地从尊重学生的个体差异出发，促进学生个性化发展。

那么，什么样的教学可以实现满足学生个性差异的目标？总结下来有这样几条：

首先是要关注学生的个性差异，教学要全面关注的三种个性差异：1. 在教学活动的起点上，学生之间存在着基础性的差异；2. 在教学活动的终点上，学生之间存在着目标性差异；3. 在教学活动的过程中，学生之间的课堂活动，也就是学生学习风格和学习方式上存在差异性。

在传统教学中，我们一般只设计一种规格的教学，想让每个不同的学生适应这种规格，只有当我们发现这种事先设计的教学不适合学生时，才被动地、临时地加以调整，这怎么可能满足学生个性差异呢？而现代的教学要求教师要提前设计多种学习内容、多种学习活动、多种学习成果，以适应学生广泛的学习差异。

其二是要以评估为基础展开教学，尤其是在教学活动开始之前，就要对差异性进行评估，并将评估贯穿整个教学过程。而传统教学一般只是在教学后评估学生学习结果的差距。

其三是要提供多元选择，关注个性差异的教学会非常尊重学生的选择，包括学习内容（输入）、过程（方法和途径）与成果（输出）的选择；而传统教学则不提供任何的选择机会。

其四是以学生为中心，对学生与学习之间的匹配程度进行动态的监控，并对教学加以灵活调整；而传统教学是以教师为中心，或者以学习任务为中心的。

其五是多种教学组织形式的组合，是将整班教学、小组教学与个别教学的组合；而传统教学则以全班教学为主。

为了更好地满足学生个性发展需要，对我们教师而言，最大的思想转变来自对全面发展的理解。全面发展是基础性而非理想性的发展，全面发展是发展的最基本要求，是个体发展的底线，不能为了全面发展而要求学生样样好，不是要追求知识的高精深和品德的圣人化。全面发展不是要求每门学科都考得很好，全面发展是指除了知识学习以外，还应该包含情感意志、合作能力、行为习惯及交往意识与能力等多方面的发展。只有正确理解了全面发展，学生个性发展才会有可能实现。

那什么是个性发展？个性发展就是拓展性或补偿性的发展，是对学生优势发展领域的拓展或对学生弱势领域的补偿；个性发展就是非均衡性发展，主要满足学生在某个方面或某些方面的发展需求；个性发展就是弹性发展，使教学依着学生的发展情况随时进行调整。

下面大家讨论一下。

· · ·

问　您强调尊重学生个性差异的教学是将对学生的评估贯穿教学始终，那我们怎么才能准确评估呢？

答　首先是使用一些现有的信息，比如学生档案、考试的成绩和之前的教师评语。但更重要的是靠我们自己去挖掘信息，比如说可以通过观察的方法，这也是一种了解学生的主要方法，还可以通过访谈和调查问卷的方法。

不过，在使用这些方法之前我们需对学生的个性差异的分类有所了解才行。有些个性差异比较容易辨别，比如说性别和家庭经济文化背景，有些就要长期观察甚至使用量表才能测定，比如学生的性格、学习风格，就不那么一目了然了。

问 您认为哪些个性差异最影响学生的学业成绩？

答 这还真不好说，可能不同的个体会有所不同。据我所知，有两个方面的个性差异与学业成绩相关。

一是性别和家庭文化背景差异。据研究，在言语能力上，女孩超过男孩，男女生平均成绩相差0.2个标准差；从10岁以后，男孩的数学成绩超过女孩，男性青少年的数学成绩高于同龄女生0.2个标准差；从10岁以后，男孩逐渐显示出更高的空间视觉能力，男生的空间视觉能力高于同龄女生0.4个标准差；物理、化学、生物、地理四学科的测试，男生四科成绩均高于女生9至13分。所以，男女还是有别的，至少在学业上。

不过，性别差异对学习成绩的影响还远不如父母教育水平对学生成绩的影响。国际学生评估项目（PISA）的研究发现，经济、社会、文化地位指数不仅影响学生个人的学业成绩，也影响不同学校间的教育质量差异。

二是性格差异。那些竞争型的学生，他们的学习成绩更好，是因为这类学生的学习是为了表现自己比班上其他人学得更好，他们把课堂视为决定胜负的场所。而回避型学生的成绩往往不理想，是因为这类学生对课堂学习和班里发生的事不感兴趣，不愿意参与课堂里的师生活动。那些依赖型的学生只想学习教师布置的内容，对知识缺少好奇，总指望掌握权威的人告诉他做这做那，所以成绩也好不到哪里去。良好的性格特征有助于学业成功，而学习上的成功又能增强学习者的信心，得到情感上的满足，于是学习更加勤奋。反之，如果学习常常失败，必然导致消极、颓丧、恐惧、退缩、羞愧等情绪体验，久而久之，会加强消沉、悲观、自卑、厌世等不良性格特征。

问 我们新接班以后，往往会更关注学生原有的知识基础，是不是应该这样呢？

答 当然应该这样。用教育心理学家奥苏伯尔的话来说："影响学习唯一最重要的因素是学习者已经知道了什么。"教学当然要建立在学生原有的知识基础之上。只是我们平时忽略了学生除了知识基础之外的其他因素，有时候恰恰是他们其他被我们忽略的因素导致了他们知识基础的差异性。比如说智力，IQ 分数越高的儿童，一般学习成绩也就越好。研究表明，学习成绩的测量与智力的测量两者的相关程度很高，其相关系数在小学阶段为 0.6 至 0.7，在中学阶段为 0.5 至 0.6，在大学阶段为 0.4 至 0.5。

问 我们学习过智能理论，八种不同类型的智能分别代表着八种不同类型的思考方式和学习方式，对学生的学业成绩也产生了影响。

答 是的，我们的教学往往只是满足了语言智能和数理逻辑智能的需要，因此这两种类型的学生成绩更好些。而对视觉空间型的学生，他们擅长视觉形象思维，通过接触视觉材料（如图片、图解），他们可以学得最多、最好；肢体动觉型学生，他们喜欢通过运动、触摸和动手操作等方式进行学习；音乐型学生，当学习的内容融入音乐元素，或者与节奏、曲调等发生关联时，他们就可以学得最多、最好；人际交往型学生，他们通常擅长与人交往，具有敏锐的直觉能力和移情理解能力，对他们而言，通过小组合作和人际交往，他们能够学得最多、最好；内省型学生喜欢独立思考和自我反思，当允许他们进行反思、分享个人观点以及独立学习时，他们能够学到最多的东西；自然观察型学生是通过观察和探索来进行学习的。加德纳认为，通过提供丰富的环境、适当的训练与指导，促使绝大多数学生将任何一种智力发展到更高的水平，应当成为教育应尽的职责。

问 我们曾经做过一个研究，是关于学习风格方面的，学生的学习风格差异还是很大的。

答 确实如此，有些学生走来走去的时候学习效果最好，有些学生只有安静地坐下来才能专心学习；有些学生喜欢充满丰富刺激的房间，如形形色色的物品、五彩缤纷的颜色以及可以触摸和尝试的东西，而另一些学生只有在布置较为简洁的环境中才能学得好；有些学生喜欢光线充足的学习环境，而有的学生更喜欢光线较弱的地方；有些学生通过口耳相传便能学得好，而有些学生依赖视觉途径的信息传递方式；还有学生需要触觉或动觉信息才能学得好。我们不是要去改变他们，而是设法更好地适应他们。人是如此的不同，教学岂能雷同？

问 我们能对每个学生都作出个性差异方面的甄别和评估的话，我们就能改变教学？

答 认识到学生的个性差异不等于我们就能改变教学。认识到学生的个性差异意味着我们关注到了教学的起点，那么，既然我们知道起点不同，那就不要让他们到达同一个终点，也就是说，我们可以为他们设定不同的学习目标。但是，更重要的是能改变教学过程，这也是最难的，所以应该成为校本研修的重要主题。

问 在我们常规的课堂教学中怎么更好地适应学生的个性差异？

答 这是一个好问题，我认为关键在于教学设计，在教学设计中主要是对学生学习经验的设计。学生的"学习经验"内含三个基本要素：学习内容、学习过程和完成的"作品"。学习内容就是学生将要学习的材料；学习过程是学生将要运用什么样的思维和学习方式去理解和掌握内容；作品就是学生将通过什么方式来呈现学习的结果。

在对这三个要素进行设计时，就要做分化处理。首先是对教学内容的分化处理。可以根据学生的准备水平对教学内容进行差异化处理，比如，依据学生不同的阅读理解水平，安排学生阅读不同难度的材料，完成不同难度的阅读作业；还可以依据学生兴趣的不同，让学生围绕他们感兴趣的某个主题或问题，独立地或以小组合作的形式对主题或问题进行探究，或者让学生围绕某个共同的主题，根据自己的兴趣选择与主题相关的某个方面进行探讨；还可以尝试依据学生学习风格的不同，给学生提供不同类型的学习材料，如文字材料、视听光盘、录音带、可触摸材料等，供学生选择。

其二是对教学过程的分化处理。过程涉及"怎么教"和"如何学"

的问题。可以依据学生准备水平对教学过程进行差异化处理，比如，当学生学习同样的材料时，给学生提出不同层次的思考问题，布置不同难度的学习任务或作业。可以依据学生的兴趣差异，对教学过程进行差异化处理。为了弄清"什么是健康生活方式的习惯"这一问题，教师让学生或者利用网络查找健康生活方式的信息，或者查阅像运动杂志或健身杂志这样的印刷材料，把查询到的结果制作成展板，供大家分享。在这里，通过什么方式去搜集信息资料，完全可以依学生的兴趣而定。还可以根据学生学习风格的不同，对教学过程进行差异化处理，比如，教师鼓励学生运用听觉、视觉和动觉中的任何一种或几种方式来学习知识和展示知识；允许学生选择独立学习、同伴互助学习和小组合作学习的一种或几种方式进行学习；允许学生坐在地板上、椅子上或者来回走动学习，大声朗读课文或在安静的场所默读课文等等。

其三是对学习结果的分化处理。学生喜欢用什么方式来表达和展示其学习结果，主要取决于学生的智力倾向。例如，教师让学生阅读各种历史小说，从中抽取领袖人物的典型特征，让那些以肢体动觉智力见长的学生创作并表演一个与领袖会面的短剧，通过这个短剧告诉其他同学伟大的领导者的特征是什么；让那些以视觉空间智力见长的学生通过绘画制作一块展板，将历史小说中伟大领导者的关键特征陈列在布告栏上，然后与大家分享。

这方面的内容很多，我也是从书上学来的，大家要是有兴趣可以读一下华国栋先生的《差异教学论》一书。

9. 合作学习

现在都说要转变学生的学习方式，转变学生学习方式既是课程改革的重要目标和核心内容，同时也是最大的难点和热点之一。可以说，学生学习方式是否转变，是衡量课程改革成功与否的重要标志。

其实，学习方式本身也并无优劣之分，任何一种学习方式都具有自身的优势，但同时也会有它无法避免的缺点。所以，我认为学习方式的转变并不是要全盘否定传统的学习方式，而是要倡导多元化的学习方式。比如说，相比有利于培养学生主动探索精神的探究性学习而言，接受式学习更有利于学生系统知识的掌握；相比有利于培养学生交往、合作能力的合作学习而言，自主学习更有利于学生独立意识的养成。

让我们想象有这样一所学校，在那里，老师们可以运用各种各样的教学模式和方法，教学的目的不仅是提高学业成绩，而且要帮助学生提高能力。我们可以着眼于知识的获得和发展，可以着眼于人的潜力和人格的发展，可以着眼于社会性和品格的发展，也可以着眼于行为习惯的控制和培养。那是一所多么美妙的学校！

在各种学习方式中，如果我们着眼于社会性和品格的发展，那么应采用合作学习的方式，因为没有师生的交往互动，就不存在真正意义的教学；因为富有凝聚力的整体，比同等数量的个体工作效率更高；因为合作团体中的成员之间更易于相互学习，更富有帮助他人的精神。我本人对合作学习很有兴趣。

但是，孩子们围坐在一起，并不意味着合作学习已经发生，有时候课堂效率反而下降了。那是因为合作是需要训练的，要对学生们进行效率训练以使他们更有成效地合作；要进行互相依存训练以使他们对团体活动过程进行反思；要进行礼仪训练以使他们学会合作的技能。而如果他们经过了训练，却依然无法有效合作，那是因为他们没有形成相互依赖的关系，合作必须建立在分工的基础上……

关于合作学习有很多的奥妙，一些教师对合作学习存在偏见，认为合作学习就是把学生分成小组让他们讨论，其实没那么简单。这些年我对合作学习开展了一些研究，这方面的知识我要和大家分享一下。

首先合作学习不是什么新东西。早在20世纪20年代，美国社会心理学家阿尔波特就从社会心理学的角度出发，强调个体与人际环境之间的交互作用。在20世纪中期美国反种族隔离运动高涨的背景下，合作学习产生了。自20世纪70年代以来，美国教育机构广泛开展合作学习，从幼儿园到大学的研究生院都有合作学习的影子，这些教育实践取得了一些令人满意的成果。

合作学习为什么会风行起来，是因为合作学习确实产生了一些其他学习方式所达不到的积极影响。众多的教育实践都证明，为了实现共同的目标而相互合作的学习方式，要比独自学习的方式能取得更高的成绩和效率，合作学习要比竞争性学习、个体化学习更能促进学习者的逻辑推理能力、学习迁移能力的发展。在基本课程（如写作、数学等）的标准化测试中，使用精心组织的合作性学习策略的学生的效应大小为 0.28，一些研究接近于标准差的一半。在参照标准的测试中，平均数为 0.48，在一些实施得最好的测验中则达到了大约 1 个标准差。使用高级思维方式学习的效果甚至更好，其平均效果大约是 1.25 个标准差，在一些研究中高达 3 个标准差。

合作学习还可以促进创造性思维的发展，因为学习者相互的合作增加了观点的数量、质量，激发了学习者的参与情感，同时也增加了解决问题的创意和新奇。在合作学习中，一些学生的观点可以触发其他学生的思考，并且不同的观点可以引发小组成员考虑更多的解决问题的途径或办法。

一些研究表明，合作学习使学生能够学会有效地处理冲突，与同伴友好协商，而不是用暴力解决争端，减少了出现冲突的可能性。实践也证明，尽管学生们的能力、性别以及任务的性质等方面存在着差异，但是通过参与合作学习，学生们都有了更多的责任感和义务感，相互之间也更加关心，同时他们也更加喜欢教师，并且认为教师对他们的帮助更大。此外，合作学习对于学生将来建立和维持稳定和谐的家庭、婚姻和友谊大有益处。

在这里，我要把合作学习与小组学习区分一下。合作学习是以小组为基本单位的教学组织形式，但合作学习不等于简单地把学习者分成小组进行学习。如果在一个小组中，学习者坐在一起，做他们各自的作业，并且他们之间可以进行自由地交谈，这种学习并不是真正的合作学习，因为他们之间没有积极的相互依赖关系。如果一个小组被分配了某项任务，然而只有一个学习者把所有的工作完成了，而其他人却什么也不用干，这种学习也不是真正的合作学习，因为一个合作性的小组意味着每一个成员都有各自的责任和义务。小组形式的学习必须基于一定的条件才能称为合作学习。

关于合作学习先介绍到这里，下面讨论。

. . .

问 学习方式转变很难，关键是教师的教学方式要发生转变。

答 是的，我同意。影响学生学习方式的因素很多，我看到一份调查报告显示，共有六种因素对学生学习方式的转变产生影响：1. 学习内容，主要是指学校课程的难易程度、教学内容的编排方式以及与学生日常生活的联系紧密程度。2. 学生个体因素，是指学生个体的兴趣与爱好、知识背景、认知方式等对学习方式转变的影响。3. 教师引导，主要是指教师的鼓励、支持、帮助与交流对学生学习方式转变的影响。4. 评价方式，是指学校如何对学生进行评价，以及这种评价方法对学生学习方式的影响。5. 学校文化，指学校长期形成的文化氛围对学生学习方式转变的影响，主要包括教学文化与学习文化。6. 教学资源，主要是指学生有效开展学习活动所需的素材等各种可利用的条件。在这些因素中，"教师引导"非常的重要，在学生学习方式转变的影响因素中的比重占到第二，仅次于"学生个体因素"的影响。

问 合作学习需要分组进行,您认为小组人数应该多少为宜?

答 有学者认为,小组的规模与组员参与程度存在着一定的关系,当3~6人的时候,组内每个人都说话;7~10人的时候,几乎所有的人都说话,安静一些的人说得少一些,有一两个人可能一点也不说;11~18人的时候,五六个人说得特别多,三四个人有时加入进来;19~30人的时候,三四个人霸占了所有时间;而当规模达到30人以上,则几乎没有人说话。其实,对于什么是理想的小组规模,并不存在统一的标准,不同的内容、不同的活动、不同的学习任务,需要不同大小的组。唯一参考的标准就是尽可能让更多的人更多地参与到小组活动中。

问 编小组的时候是不是要将不同个性差异的学生编在一个组里?

答 是的,将不同的学生编在一起,称为异质编组或混合编组,这样的组合可以促进同伴的相互指导,并且打破不同类型学生间的障碍,鼓励他们共同完成任务。我们一般会按学生的学业水平来混合编组,也可以参考其他标准。

问 学生一旦进行小组讨论,教师就容易对课堂失控,怎么办呢?

答 所以要训练,这个问题我刚才讲过。比如可以用某个信号来使小组马上暂停讨论。学生的礼仪训练特别重要,合作学习是建立在合作基础上的学习,而人与人之间的合作是需要合作技能的,所以要训练。另外,我们还可以在每个组安排一名学生做"噪音监督员"或"安静负责人",他们的责任是促进全组积极而小声地合作。

问 一堂课中合作学习应该占多少时间为宜?

答 我看到有些学校要求教师在每堂课的每个时段都要运用合作学习方式,我不赞成。要把合作学习形式和老师讲解、演示及学生单独学习的形式结合起来,达到课堂的优化。至于怎样才是优化的,就要留待校本研修来解决了。

10. 学习动机

"学生学习积极性不高"，这是校本研修中大家听到最多的一句话，因而教师的烦恼很多：他们为什么上课不能坚持听讲？他们为什么逃避作业？他们为什么不能做到预习和复习？他们为什么只对网络游戏有兴趣？为什么在没有人管着的时候，他们总是开小差？这些问题实质上都与学习动机有关！

学习动机非常重要，凡是学习优秀的学生，总是不容易受分心刺激物的影响，他们更能将注意力集中在难题上，而学习成绩差的学生正相反。这是因为动机是人类力量的源泉，动机提供了心理能量。

我们应该如何甄别动机强烈与否？心理学家提出了一些建议，主要关注五个基本问题：

1. 他选择什么：是打开书包做作业，还是玩铅笔盒？
2. 从作出决定到真正实施需要多少时间：是立刻开始写作业，还是拖延时间？
3. 活动的强度和水平如何：是全身心投入，还是仅仅做做样子？
4. 坚持还是中途放弃？他是读完全部材料，还是仅仅看几行？忽然有意外声响，是否不为所动？
5. 喜欢、陶醉还是厌倦？他喜欢学习内容吗？还是因为害怕考试才学习的？

通过这几个问题，你大概可以对你所教的学生的学习动机作出评估。

也有的老师总结出了"八看"，我觉得也挺有道理：一看如何对待从事活动的要求和任务，是积极主动地参与，还是消极被动地应付？二看对待活动的态度，是把活动作为一种乐趣和追求而认真、勤奋地学习，还是当作负担和压力，感到无限苦恼而想方设法逃避，以致弄虚作假来对付？三看从事活动时注意力是否集中，能否做到专心地进行，认真积极地思考？四看能否按时完成布置的各项任务，是主动地创造地完成，还是被强制地机械地完成？是独立地完成，还是靠外力帮助完成？五看遇到困难、挫折、失败时的表现，是充满信心和决心坚持到底、争取成功，还是知难而退、畏缩不前？是面对成绩就骄傲，面对失败就灰心呢，还是对成败无动于衷？六看怎样对待奖赏与责备、表扬与批评，对奖赏和表扬是作为追求的目标而力争呢，还是作为进一步努力的鼓励和鞭策？是正视自己行为的缺点和错误力求改进呢，还是抱无所谓的态度或对批评抱怨、对抗？七看在竞赛中的表现，是在竞赛中力求获取名次为集体争荣誉呢，还是一味为自己争名利，以致不惜采取各种手段排挤对手？竞赛后胜不骄、败不馁，还是胜则骄、败则馁或败则嫉妒呢？八看对别人的态度，对别人是诚诚恳恳、真心实意，毫不保留地帮助他们，还是对之漠不关心，就是帮助也要"留一手"，抑或根本不愿帮助，并幸灾乐祸呢？

以上讲的是关于学习动机的一些现象，下面讲讲动机的种类。简单说可以分为内在动机和外在动机。内在动机主要包括需要、兴趣、好奇心和快乐的体验，外在动机则包括回报、社会压力和惩罚等。

你认为内在动机和外在动机，哪个对人的激励会更持久、更强烈呢？关于这个问题的回答是有分歧的。行为主义理论认为，外部的方法，比如奖励、刺激和惩罚能更好地激发学生的动机，奖励增强了学生的信心，并使学生对这项任务更有兴趣，特别是那些在任务开始时缺少能力和兴趣的学生。但是也有人认为奖励和刺激会破坏内在动机，他们认为即便学生在没有奖励的支持下掌握了学习内容，他们也不会忘记所学的东西。

我认为并不绝对，有些人内在动机强于外在动机，有些人则相反；在某些事情上内在动机强于外在动机，在另一些事情上则相反。

人本主义教育思想是极力强调内在动机的，认为是人的自我实现的需要和与生俱来的实现的倾向性提供了动机，人文主义的观点是"激励意味着激发人的精神资源：胜任感、自尊感、自主感和自我实现感"。

认知理论总的来说也倾向于内在动机，认为人的行为是由计划、目标、方案、期待和归因激发的。而社会文化主义者认为人们通过交往来促发学习，动机来自身份，而身份来自参与。

在校本研修中，要分析某个学生的学习动机不强的成因，我们可以从家庭、心理水平、个性、抱负水平等四个方面进行分析：

1. 家庭在学生动机形成中的作用。

父母的哪些因素会导致孩子学习动机不强呢？父母认为在这个世界上只要"过得去"就可以了；他们为自己有固定工作而感到幸运，只期望孩子也能和他们一样生活就满足了；他们认为人生是听天由命的，不必多考虑；他们只顾眼前利益，对大学认识模糊，从未想到过自己或自己的孩子有可能上大学。这些情况下，孩子的学习动机一般都不会很强烈。

哪些家庭因素加强了孩子的学习动机？父母深知社会上的等级，希望上升到更好的社会地位；他们为自己没有取得更高的社会地位而内疚，认为自己成功的障碍就是缺乏良好的教育；他们经常不断地鼓励自己的孩子认真学习，准备上好的大学。这些情况下，孩子的学习动机总体较强。

对成绩优良和成绩很差的中学生的对比研究发现：成绩优良的学生的父母提的要求比成绩差的学生的父母提的要求具体明确；成绩优良的学生的父母比成绩差的学生的父母更重视独立工作能力的培养；成绩差的学生的父母格外关心孩子学会保护自己的权利。

另外，父母受教育的程度对孩子学习动机的影响也很明显。对母亲的文化水平与学生期望受教育程度的关系进行调查发现：母亲受过大学教育的学生想读研究生的人数，比母亲只有小学水平的学生想读研究生的人数多4倍；母亲只有小学水平的学生想读到中学就毕业的，比母亲有大学水平的学生想读到中学就毕业的人数也多4倍。父母对孩子的学习成绩漠不关心，或是过高地要求、过分地计较、过多地进行干涉，都会影响学生的学习需要。缺乏学习环境或基本的物质条件，诸如没有书桌、环境喧哗等，也会影响学生学习的积极性。家庭气氛和谐、平静，父母与子女之间的关系亲密友好，这种环境对学生的学习情绪和学习愿望的影响比物质环境的影响更大。

2. 心理发展的不同阶段和水平影响着学习动机。

小学低年级学生，他们的学习动机受以下因素影响：在同学中的地位；课堂的新颖性、趣味性；家长的希望和要求；教师的表扬；好的分数。

少年期的学生，逐渐地把自己的学习与社会要求联系起来。起支配作用的动机可能是争当三好学生、加入共青团、集体荣誉感等间接性的学习动机。

青年期的学生，自我意识能力明显增长，已能把自己的学习同应承担的社会义务联系起来。

3. 学生的个性对动机形成的影响。

（1）兴趣。最好先有普遍的学习兴趣，然后在此基础上培养专门的兴趣。

（2）意志力。意志力坚强的人能以顽强、坚毅的意志战胜一切困难，以理智权衡孰轻孰重，用客观的标准决定取舍，直至最后取得胜利。

（3）个人志向。在学习过程中，成功的经验一般导致志向水平的提高，失败的经验一般导致志向水平的降低。人们的成功经验越丰富，以后的志向水平会提得越高；失败越甚，以后的志向水平就降得越低。

（4）性格以及智力发展。学生的性格以及智力发展水平，对学生动机的形成均有一定的影响。

4. 抱负水平在学习动机形成中的作用。

抱负水平是指学生自己设立的目标，以及在学习活动之前，对所欲达到的目标作出的估计。研究表明，学生抱负水平的高低除了受一定的环境和教育影响外，还受过去失败的经验、学习成绩、在集体中的地位以及对自己能力的了解等因素的影响。

研究还表明，设立的目标要与能力相匹配，才能获得成功：学习上经常获得成功的学生，能设立实际的目标，也就是在自己能力的范围内，把目标摆在既有一定的困难又能达成的水平上。设立的目标低于自己的能力，会导致不能最大限度地发挥自己的潜能。能力低，设立的目标却过高，可能因无法达成而以失败告终。

关于学习动机的理论，我们先学到这里，下面讨论。

. . .

问 您有没有分析过，为什么孩子们对网络游戏那么热情，而回到学习上却又无精打采了呢？

答 是个好问题，网络游戏为什么能调动人的积极性，我想用行为心理学原理来解释，特别解释得通。因为网络游戏一是有挑战性的任务，二有公正的奖励，三是可以不断升级，四是有不确定的奖励。

问 我们在校本研修中一直在研究课堂中学生的学习积极性问题，这方面您有什么好的建议？

答 我的建议是从教学设计开始就要关注学生的学习积极性，现在几乎所有的教学设计中都不会设计关于学生的学习动机的内容。如果我们能在教学设计中针对学生群体的动机状况和教学内容的特点，设计相应的动机策略，会不会好些呢？

这里我要向大家推荐美国的"ARCS学习动机设计模型"。美国佛罗里达州州立大学教授约翰·M·凯勒先生在研究的过程中发现，在教学设计中主要运用行为主义的强化手段和加涅的学习条件论中的"教学前引起注意"的原则不能很好地解决学习动力问题，于是他在总结了动机概念和动机特征的基础上形成了"四因素说"：注意、相关性、自信和满意。这四个因素代表了一组激励个人的必要条件。

第一，一个课程必须吸引学生的注意。要吸引学生的注意，特别是在课程开始的时候，我们可用的策略包括简单的想不到的事件（例如：一个嘹亮的口哨，一个看起来颠倒的字）来引起学生的深层的好奇心。另一个用来吸引学生注意的要素是多样性，如果老师的教学方法一直没有改变，那么，即使那是一个很好的策略，学生也会对此失去兴趣。

第二，要建立起相关性。即使好奇心被唤起，如果内容在学生看来没有相关性，动机也会丢失。相关性来自连接课程的内容和学生的学习目标、学生过去的兴趣、学生的学习风格。一种传统的方法是将教学内容与学生未来的工作或学业要求相联系。另外一个有效的方法是利用一些与学生目前的兴趣和经历相关联的模拟、类比、个案分析或事例。比如说，中学生喜欢读以荣誉、时尚或孤独为主题的故事，因为这些是他们那个成长阶段的主题。

第三，动机激发的另一个要求是自信。自信来自帮助学生建立起对成功的积极的期望。学生常常因为不知道成年人对他们的期望是什么而导致不自信。通过建立明确的目标和提供可接受的成就的榜样，自信是容易培养起来的。另一方面，自信来自学生对自己成功和失败的归因。如果学生把成功归结于个人的努力和能力，那么学生在某一方面取得的成功可以提升他的整体自信水平。相反，如果学生把成功归结于运气或别人的决定，那么成功往往不能提高学生的自信。

第四，动机激发另一个起作用的因素是满意。满意是指对自己的成就的一种积极的情绪。它意味着学生的成功得到了认可和认证，而这种成功会提高他们内在的满意的情绪。同时，它还意味着学生相信他们被公正地对待了。可见，外在奖赏也可以产生满意。这种外在的奖赏可以是物质的也可以是象征性的。物质的奖赏包括成绩、特权、升职，或者证书、学校的奖品和其他象征着成就的东西。如果将对个人的肯定与运用所学知识的机会联系起来则能更好地提高内在的满意的情绪。最后，平等和公正也是很重要的。学生们必须感到学习量的要求是恰当的；学习目标、内容和学习测试具有内在的一致性；对学分的评价是公正的，不带有个人的感情色彩。

南京市玄武区教科所陈立春在《美国"ARCS学习动机设计模型"的本土化研究》一文中提出了在教学设计中教学学习动机设计的操作步骤：

1. 收集课程简介、课程设置的原因、教学环境、教学传输系统（媒体）、教师等课程方面的信息。

2. 收集学生现有的学习基础，他们对学校和所要学习的课程的态度与认识。

3. 分析学生，描述学生的动机状况（实际存在怎样的动机问题），分析产生动机的根本原因，分析哪些影响动机的因素可以改变。

4. 分析教材，列出现有教材在激发动机方面所具备的优势和存在的缺陷。

5. 列出动机目标和评价标准，明确动机设计的目的，说明期望看到学生将产生或维持怎样的动机（如愿意参与、学习后有满意感等），并说明如何测评这些行为。

6. 列出各种有利于激发动机的方法，开展广泛、深入的集体讨论，将教学全过程中所有可能用于激发动机的方法全部列出来。

7. 根据实际情况和条件来选择和设计激发动机的方法。对所列出的激发动机的方法从使用的代价、学生接受的程度和可行性等方面进行综合比较，选择其中最合适的方法，包括提高动机的方法、维持动机的方法和综合的方法。

8. 将设计的激发动机的各种方法与教学活动相结合，整合到教学过程各个环节中去，与教学要点有机结合，并进行必要的修改和调整，形成具体实施方案。

9. 选择与开发教材。使用现成的教材或根据设计要求改编现有教材或开发新教材。

10. 评价学生的反应，确定学生的满意程度与动机激发的效果，根据评价信息找出薄弱环节进行修改或调整。

在此基础上，大家可以在校本研修中进一步研究。

II. 学业评价

校本研修中常常会讨论到学生的学业评价问题。关于这个问题，我们先要明确评价改革的总的方向。

总结下来，目前的学业评价存在五个问题：1. 注重死记硬背的内容，忽视能力培养的内容；2. 注重书面测试（纸笔测试），忽视其他测试手段；3. 注重容易量化的评价目标，忽视不易量化的评价目标；4. 注重考试的分数名次，忽视学生的基础与进步；5. 注重终结性评价，忽视形成性评价。

我看到最近的一项调查结果显示：第一，统考次数过多，有的地区已达到惊人的程度。如某直辖市每所小学一学期内平均统考35次，初中53次。第二，统考涉及各个年级，一至九年级都有统考。学生一入学就等于进入"统考学涯"。第三，统考科目已覆盖所有课程，已经到了"凡学必统考"的地步。有些地区甚至按内容领域或单元进行统考。第四，统考组织权集中在教研机构。县（区）级教研室几乎居半，而其背后可能还有更高的决策者。第五，统考后公布成绩，排名之风盛行。

那怎么改呢？我认为要基于标准，要牢牢扣住标准。我非常强调评价要从目标出发、从学科特点出发、从学生差异出发，而首先是从课程目标出发，在出题时不能想当然按老经验来，而是要研读课程标准，并将课程标准细化为若干基准，对照基准，配备相应的测试题。

什么是评价？评价就是按照一定的标准对人或事作出价值判断。那学生学业评价的标准是什么？就是课程标准，课程标准就是对学生在经过一段时间的学习后应该知道什么和能做什么的界定和表述，它反映了国家对学生学习结果的期望。课程标准规定了学生学什么以及学到什么程度。

那么评价学业成绩的改革最大的趋势是什么？就是从单一到综合化。按照课程标准的要求，不仅要对知识与技能作出评价，而且还要评价过程与方法（能力），评价情感态度与价值观。

什么是好的评价？好的评价一定是关注学生多方面成就的，尤其是关注诸如问题解决、批判性思考、有效交流、团队工作等高层次的能力。不是简单地根据分数对学生进行排名和比较，还应当促进对意义和理解的追寻，促进自我导向的、反思性的、独立的学习。不应将学生当作被动的参与者，而要让学生参与到评价过程中。运用情境化的、复杂的、挑战性的任务，而不能运用去情境化的、碎片化的、基于事实的回忆的任务。

所以，我非常支持校本研修积极探索"基于标准的学业评价"。在具体做法上，要把握三个关键问题：第一，学生应当到哪里？课程标准规定学生应知和能做的是什么？课程标准规定的只是学生在完成一个较长时段后应达到的目标，教师还必须能够将课程目标分解成与评价阶段相对应的目标，进而依据这一目标制定相应的评价目标。第二，学生在哪里，即目前学生相对于课程标准的要求所处的位置。第三，差距在哪里，即学生当前的状态与课程标准所要求的目标状态存在什么差距？

在崔允漷主编的《基于标准的学生学业成就评价》一书中，提出了基于标准的学生学业成就评价的特征，相信对大家一定会有启发。

特征一：评价建立在标准的基础上。先有标准，后有评价，标准决定评价。评价的目标、内容和判断评价结果的标准都源于课程标准，而评价的方法同样取决于课程标准规定的评价目标和评价内容。

特征二：评价的设计先于教学设计。评价的目标引导教学目标和学习目标的设定。为评价而教，努力促成教学和学习目标的达成。

特征三：评价的目的是促进学生的学习。基于标准的评价能通过让学生明确评价标准，促使学生进行自我导向、自我监控的学习。

特征四：整合多种类型的评价方式。评价方式的选择取决于评价的目标和内容，而单一的评价方式不可能适应所有的课程目标。

如何将学业评价建立在课程标准之上？在校本研修中可以组织大家研究以下小问题：1. 对照课程标准，确定一个阶段内，学生必须精熟的重要核心目标；2. 确定单元和期末测验目标，使其与课程目标高度一致；3. 分析教学目标是否充分反映测验目标；4. 考察教科书，以确定测验所确定的核心目标是否在教材中得到充分的体现；5. 设计教学过程，以确定测验所确定的核心目标是否在教学过程中得到充分的体现；6. 设计试卷：（1）是否每一测验衡量的都是在标准里反映出的内容？（2）在何种程度上衡量了那个年级水平的关键内容？（3）是否每一测验都具有足够的挑战性？

评价问题先聊到这里，下面开始讨论。

. . .

问 我们学校的考卷都是由区里教研室下来的，期中、期末考试包括其他统考、质量抽查都不是我们出题，我估计好多老师都不会出题了。

答 那不行，其实测验只是评价的一种方式。学校经常进行测验，期末考试、期中考试、单元测验和随堂小测验等等，可是，为什么要测验？之所以要进行测验，就是想确定学生们对教师所教的知识和技能的掌握水平。可是，因为许多重要的学习成果用纸笔测验无法测量，而许多人一提起测验，就自然而然地想到纸笔测验。评价一词是对测验的更为宽泛的描述，它不仅指纸笔测验，还包括许多其他的测量方法。所以，教师们不仅要了解测验，更要了解评价。

我认为教师要了解以下三个方面关于评价的知识，一是自编评价工具，学习如何编制评价工具，以测量学生的认知与情感、态度、价值观；二是解释标准化测验的结果，能读懂测验的结果，可以向同行、家长解释学生在测验中的表现，回答领导提出的各种问题；三是学会评判某种测验是否满足了学生发展需要，是否符合教育者的愿望。

问 您讲的有道理，可是我还是担心，教师出不好一张考卷，这确实是个问题。您能介绍一下怎么出好试卷吗？

答 我认为，试卷必须基于课程标准来出，这个问题刚才我已经讲过。一份好的试卷要有信度和效度。

首先是评价的信度。人们对可信度十分在意，信度其实就是指多次测量的一致性，包括：1. 稳定性信度，即测验结果跨时间的一致性程度，即使测验在不同的时间、场合进行，测验结果大体相同；2. 复本信度，即两个或多个被认为是等值的复本间是否真正等值，复本信度则代表同一测验不同复本间的内在一致性；3. 内部一致性信度，关注测验题目之间在功能上的一致性，即测验题目同质性，如果一个测验中的全部 20 道题都是测问题解决能力的，那么，具备解决能力的学生应该能做对多半，而不熟练者则会做错很多。当其他条件一致时，题目数越多信度就越高。如果想测学生的数学能力，那么一个 100 题的测验比 10 道题的更可靠。

信度是教育评价中的一个重要问题，因为如果一个测验的一致性程度很低，那么根据测验分数就得不到准确的推论。

其次是效度。出考卷时，我们无法检测学生学到的所有内容，而只能抽取有代表性的样本，然后来推测学生学习的整个情况。效度就是依据分数所作的推论的有效程度。效度的核心是教师对学生所作推论的准确程度，由测验所推知的结论可能是有效的，也可能是无效的。所以，出题时我们总要研究测验内容对所要推论的评价范围内容的代表程度。怎样才算是有代表性？怎样又算是没有代表性呢？这些内容在校本研修时都要好好研讨。

问 上海参加了两次 PISA 考试，您觉得他们的考题出的好吗？

答 我认为非常好，信度和效度都很高，最了不起的地方是 PISA 注重考察学生素养而非对课程知识的掌握，着重于应用知识与解决现实问题的能力，而不像我们一般的考试只是考死的知识。我认为课程改革之所以推进困难，与我们出卷水平不高有关。出一份好的试卷是一个技术活，靠经验主义是不行的。

所以，校本研修时，大家可以对 PISA 考卷进行研读，不仅要研读还要临摹。

12. 课业负担

减负也是校本研修中的一个热门话题，一些学校的领导要求每个教研组都拿出减负的计划。今天要和大家聊聊什么是学习负担，要不要减轻学生学习负担，以及如何减负。

让我们从"学习"这个词开始讲起吧！学习是"在生活过程中获得个体的行为经验的过程，凡是以个体经验的方式发生的个体的适应都是学习"。

那什么是负担？负担就是"承受、负载以及与此相应的生命的消耗"。是人在达成目标、实现任务、履行责任的过程中必然有所承载和有所消耗。

那么，大家把学习和负担连起来看。学习包含着人类经验的习得，经验成果的消费，也包含着经验成果的创造，学习居然不消耗生命，居然没有任何负担，这是不可想象的。有学习就必然有负担。

一些学校提出"愉快学习"，虽然力图给学生带来学习上的愉悦感受，但学生依然要为学习而承担目标与现实之间差异所带来的压力，要付出时间和精力（心力、体力）。

而且，同样的学习任务，不同的人的感受是不同的。对负担的适应，每个人的方式和水平是各不相同的。价值判断越高，自身状态越好，体验到的负担就越轻，反之就越重。

因此，我们不是要消灭负担，而是要合理地分配学业负担。我甚至不同意"减轻"这个词，因为恰恰在有些方面，学生的负担不是太重而是太轻了。

下面我们来对学习负担进行分类，再来分析减哪些负担，增哪些负担。

1. 从负担来源分，可以分为外加负担和自寻负担。所谓外加负担是指外在安排的那些学习任务，比如课程标准、教学安排、家长指令、宗教民俗等带来的负担。这些负担是确定的，是非选择性、相对稳定的，并且具有一定的强制性。这些负担是目前学生主要的学习负担。所谓自寻负担是指学生内在要求的那些学习任务带来的负担，如兴趣、爱好、特长，受学生对目标的信仰追求和对任务、责任的价值判断所支配。这些负担的选择性强、个体差异性大、自励作用明显。人对这种负担的感受往往比实际强度要弱得多。

那么，你认为要减负吗？不，要减的只是外加负担，要增加的是自寻负担。所以，我们的校本研修就可以讨论能否将外加负担转化为学生的自寻负担？如何提高学生承受自寻负担的自主性、积极性和能力？

2. 从负担的载体来分，可分为生理负担和心理（精神）负担。所谓生理负担主要指体力上的消耗，这种消耗是与学习时间和学习强度成正比的，连续的高强度的学习使消耗的体力得不到恢复。所谓心理负担是指心力的消耗。过度的心理负担则易导致认知迟缓，情感失衡，价值体系和行为方式受到冲击以及精神的伤害。

过重的心理负担更不易被人察觉，对学生危害更大，减轻学生过重心理负担更应引起我们的关注，在校本研修中应好好研讨。

3. 从学习内容的性质来分，可以分为学科负担和活动负担。学科负担是完成学科课程所必须付出的体力与心力，学科课程特别抽象和系统，劳神伤脑；活动负担是完成活动课程所必须付出的体力与心力，活动课程没有固定模式，需要学生全方位投入并成为学习的真正主体。学生对活动负担的感受往往比实际负担（学科负担）要轻，因此可能要减轻的是学科负担，而活动负担本来就不重。

4. 从承受学习负担的场所来分，可分为校内负担和校外负担。校内负担的计划性强，自主性少，学习强度大，如果学生没有学习的兴趣，那就是一种"苦差"；而校外负担则是家庭学习和社会学习，自主性较强，没有刻板的计划，没有固定的课程，甚至可以没有很明确的目标，所以相对负担较轻。

以上我的分类是要告诉大家，不能把减负当成是一种口号搞一刀切，一定要做具体分析，减掉那些不合理的负担，增加那些应该有的负担。总之要让学习负担更合理。

即使是减轻不合理的负担，也不是简单的减课和减作业。我这里要介绍一下关于减负的若干原理供大家参考。

1. 让学生理解学习的意义，激发他们的兴趣与动机，以降低学习负担的感受强度。学生对学习意义越理解，就越易转化为动力。

2. 让学习符合学生的身心发展的特点，让学习在他们的"最近发展区"展开。

3. 让各种类型的学习更好地协调起来，促进人的多方面素质整体发展。

4. 学习负担必须适应个体差异，以发展强项为主，弥补弱项为辅，更多地满足学生个性发展需要。

那么，这些原理如何应用在实践中，就要靠校本研修来解决了。关于减负，先讲到这里，下面讨论。

. . .

问 您谈到不同的人对学习负担的感受不同，我们有没有可能帮助学生提高抗压能力？

答 这是一个很好的研究课题，学生压力的应对策略，就是要使学生有意识地认知和评价内外环境压力，评估一下自己应对压力的能力，从而有意识地选择和应用应对策略。在这方面已经有一些研究，研究表明，青少年面临压力时更多采取的是一种积极的应对策略，如问题解决、计划、倾诉、调节情绪、幻想等。不过，存在一些性别差异和年龄差异。

比如男生在面临压力时，更多地采用问题解决、否认、生理放松、压抑和克制、幻想、物质解脱等应对策略；女生多采用寻求社会支持、紧张缩减、接受、自责、回避、愿望性思考等应对策略。总的来讲男生采取的应对策略相比于女生来说更积极主动一些。所以女生可能比男生更"想不开"些。

年龄影响了青少年应对策略的选择和应用。年幼的青少年比年长的青少年较多地寻求外部支持，他们参加更多的社会活动，往往会忽视问题和烦恼。初二和初三的学生相对初一的学生更少寻求外部支持和情感帮助；初一和初三的学生更多地采用发泄的策略。在求助策略方面，初二学生显著高于初一、初三的学生。在发泄策略方面，初一学生显著多于初三的学生。

以上这些研究成果大家可以去搜索一下。总之一句话，减负要具体情况具体分析，具体的人可能要具体分析。

13. 有效教学

一些学校把校本研修的主题定在了有效教学上，有的老师问我，有效教学应该从哪里着手研究。今天我想和大家聊聊这个问题。

有效教学实际上有三个层面：一是学生的有效学习；二是教学的有效性；三是学校的有效教育。我们这里要谈的是教学的有效性。有效教学是西方传进来的一个教育术语，西方国家对教学的有效性方面的研究，主要集中在以下几个方面：

1. 有效教学行为的研究。有研究指出，结构化的教学行为是最理想的教学行为。

2. 有效教学技能的研究。认为教师的教学有效性在很大程度上依赖于教师随着课的进展不断调整和改变他们的教学策略。

3. 有效教学风格的研究。教学风格是指教师在教学中所体现的具有个人特点的风度和格调，有研究指出，不同的教学风格只具有相对价值，只有那些适合教学情境的风格才更有助于有效教学。

4. 有效教学模式的研究。教学模式和教学效果关系的研究表明，在教学中，教师综合地运用教学模式会更好地促进学生的学习，使教学更有效。

5. 有效的教师教学艺术研究。研究认为，教师具有的将有效教学和有效学习二者相配合的能力就是教师教学中的艺术。

我认为，能与校本研修结合，并能促进教师专业发展的有效教学研究主题，应集中在有效教学行为上，尤其是通过对教学行为的课堂观察，效果更好。

首先是要在观课活动中能区分有效的和无效的教师教学行为。

怎样的教学行为才具有效性或无效性？哈维·丹尼尔斯和马利林·比扎关于课堂教学应该增加和减少的因素的研究，会对我们有所启发。

1. 他认为课堂教学应该尽量增加的因素：（1）体验性、引导性、操作性的学习；（2）课堂上活跃的学习气氛；（3）强调学生更高级的思维，学习某领域中的关键概念和原理；（4）选择为数不多的几个主题，引导学生进行深入探究，使学生掌握研究该领域的方法；（5）让学生花时间去阅读那些具有完整性、原创性和真实性的书籍；（6）培养学生对待工作的责任感，帮助他们完成设定目标、记录、管理和评估的任务；（7）为学生提供选择的机会，让他们自主决定书籍、写作主题、学习伙伴和研究项目；（8）在学校建立并运用民主原则；（9）关注学生个体不同的认知风格和情感风格；（10）组织合作性活动，将教师组成为一个相互依赖的团体；（11）将学生进行异质分组，通过个性化的活动不把学生分别孤立起来；（12）在常规课堂上给学生以特殊的帮助；（13）教师要扮演多样性、合作性角色；（14）依靠教师对学生发展所进行的描述性评价。

2. 他认为课堂教学应该尽量减少的因素：（1）面向全班进行的教学指导，如演讲；（2）学生被动活动，包括静坐、聆听、接受和吸收信息；（3）对教室里的安静状态给予表扬和奖励；（4）要求学生将课间时间用来完成工作表、练习册，或者仍然坐着，做其他功课；（5）对覆盖每个领域中的大量材料作蜻蜓点水的介绍；（6）死记硬背事实和细节；（7）强调学生分数和学生之间的竞争；（8）将学生进行能力分组；（9）采用某些特殊方案对学生进行筛选；（10）采用并依赖标准化测验。

加里·D·鲍里奇在《有效教学方法》一书中提出促成有效教学的五个关键行为和五个辅助性行为，值得大家学习并运用在校本研修中。

五个关键性行为是：

1. 清晰授课。其表现如下：通过教学使学生明确课时目标，包括知识目标和能力目标；弄清本节课需要哪些先前的学习内容以及将来的课所需要的先前学习内容在本节课体现了多少；在上课开始时，通过提问或有规律地检查作业，弄清学生是否已经掌握了与学习任务相关的先前学习内容；缓慢而明确地发出指令，在需要时可重复指令，或者把指令划分成若干小指令；通过多种方式如举例、图解和示范等来帮助学生理解教学内容，充分利用教学媒体，利用视觉刺激和动手操作来辅助解释和强化重点；在每一节课结束时进行回顾总结，帮助学生有效地储存，供日后回忆。

2. 多样化教学。其表现如下：在上课一开始就灵活运用各种技巧来吸引学生的注意力，比如用挑战性问题、视觉刺激、有趣的实例、新颖的活动等来开始一节课；通过变化目光接触、语音和手势来展示教师的热情和活力，通过改变语速或音量来表示不同的内容和活动；变化呈现教学内容的方式，例如通过讲演、提问、合作讨论、独立练习等方式来呈现新内容。变化提问的问题类型，使问题与课堂教学目标、教学内容的复杂性相匹配；在运用课堂独立练习等强化学习的同时，适时运用口头表扬、肯定优点等积极方式；在教学中注意纳入学生的想法，注意引导学生参与课堂教学活动。

3. 任务导向。其表现如下：制定的单元和课时计划能反映课程标准或教材的最重要特征；在教学时间内能有效地避免外界的干扰，尽量把所有非教学任务推到课外进行；为教学目标选择最合适的教学模式，比如对事实、规则和操作等内容采取直接教学法，对概念、模式等知识采取间接教学法；制定进度表，定期对单元教学成果进行总结、反馈、考核。

4. 引导学生投入学习过程。其表现如下：在教学过程中，及时地安排练习或问题，使学生对所学知识能够及时得到操练；在一种非评价性的气氛中提供反馈机会，比如在指导学生练习开始时，可以让学生不受约束地集体回答，或者让个别学生悄悄地回答，或者进行小组反馈；通过有意义的口头表扬和鼓励，维持热烈的课堂气氛，引导学生积极投入学习过程并保持积极性；监督课堂作业，在独立练习期间频繁地检查进展情况，照顾全班，尽可能限制花在单个学生身上的时间。

5. 确保学生的成功率。其表现如下：在独自练习之前，提供有指导的练习，示范正确回答，并告诉学生如何正确回答，在练习的间隙提供自查方法；分层教学，把教学内容、教学要求划分为小块，使学生在当前水平上轻易消化学习内容；以容易掌握的步骤向新内容过渡，根据先前内容的教学模式改变教学内容和教学要求，使每一节课看起来都像是前一节课的延伸；通过运用复习、反馈和测验等手段，变换刺激的呈现节奏，使学生处于积极学习的状态，持续不断地为教学目标或重要考试做好准备。

五种辅助性行为是：

1. 利用学生的思想和力量。包括认可、修改、应用、比较和总结学生的回答；促成课时目标，并鼓励学生参与。这一行为可以延伸到推理、解决问题和独立思考等方面。

2. 组织。组织结构如果用在教学活动之前，相当于教学上的脚手架，用在教学活动结束时，它可以强化所学内容，并在这一内容和已学内容之间建立恰当的联系。

3. 提问。提问的行为就是鼓励学生对教师给出的材料尽快地进行思考，教师要能够提出使学生积极组织答案并因此而积极参与学习过程的有效问题。

4. 探询。教师鼓励学生阐述自己或别人的答案。探询可以诱导学生澄清答案，调整学生的回答使它沿着更有利的方向发展，从而使讨论上升到更高的思维高度。总的来说探询、诱导、调整循环使用，学生就会取得最大的成功。

5. 教师的情感。要以教师的人格魅力去感染学生，并相应作出反应。学生能洞察教师行为背后隐藏的情感，如果教师对所教学科感到兴奋，并且通过面部表情、声调的抑扬顿挫、手势以及整体的动作来展示这种兴奋，那么他就更能吸引学生的注意。热情是教师情感的一个重要方面，它是指教师在课堂活动中的活力、能力、投入、兴奋和兴趣。适度的热情涉及语调的抑扬变化、手势变化、目光接触和运动的巧妙平衡，这些行为组合在一起，给学生一个统一的信号。对时间的安排以及把这些富有激情的教学行为组合成一个稳定模式的能力，使教师能够与学生进行无声的行为对话。

总之，我主张在校本研修中要将有效教学行为作为重点。下面大家可以讨论一下。

. . .

问 关于有效教学，有没有课堂标准？

答 我看到国外的一个研究，是美国教育多样性和高质量研究中心做的。该研究中心历经五年时间，走访了美国的各个州、各个民族群体的聚居地，以各种形式，比如小规模访谈、大规模讨论等，跟各种角色的人进行交流，包括研究工作者、行政管理者、教师、学生、家长、企业雇主等。1998年，该中心发表报告提炼出了有效教学的五大原则：1. 教学是师生一种合作性的和生成性的活动；2. 教学的过程是一个通过对话使学生积极参与的过程；3. 教学使学生在校的学习与他们的生活产生联系；4. 教学引导学生进行综合思维；5. 教学以课程为媒介使学生语言和读写水平得到提高。由这五大原则形成了一套标准，大家有兴趣可以检索一下。

但总的来说，虽然国外对有效教学研究较多，但对有效教学标准和评价的研究仍不多见，国内这方面的研究也不多。正如有美国学者杨和肖指出："虽然在教师有效性方面已经进行了大量研究，但对如何去评估的问题仍然悬而未决，到今天为止，这些问题也尚未形成公认的答案。"所以大家先不要急着拿出全景式的标准来。

问 您认为将课堂观察的重点设定为有效教学行为就能提高课堂教学有效性吗？

答 课堂观察的目的是要促进教师反思，最终是要丰富教师的实践性知识的。如果教师个人素养和能力不能提高，课堂有效性依然要打折扣。美国有研究认为，教师教学行为有效性取决于教师的十项教学品质：同情心、仪表、谈吐、诚恳、乐观、热心、好学、活力、公正、严谨。

还有研究者提出有效教师的六项关键指标：关心、公正与尊重、对待教师职业的态度、与学生之间的社会互动、提升学习热情和动机以及反思性实践。

1. 关心。教师的关心可以通过很多方式体现出来，但是就其核心而言，关心意味着老师对作为独立个体的学生的理解与重视。

2. 公正与尊重。这包括根据学生的情况以平衡和开明的方式对待他们。这种品质已经被认为是有效教学的基础。

3. 对待教师职业的态度。毫无疑问，这对于教师是否愿意成为教师专业人士极为关键。教师对教书越是积极和富有激情，他的学生对学习也可能越充满热情。

4. 与学生之间的社会互动。它可以发生在课堂，也可以发生在课外——例如在体育活动或其他特别的活动中。当老师对学生课外生活显示出兴趣时，学生就会受到鼓舞，在课堂上就会努力学习。在与学生建立关系的过程中，幽默、关心、尊重和公正这些品质都体现其中。

5. 提升学习热情和动机。这可以促使学生的投入状态和学习成绩达到更高水平。

6. 反思性实践。通过对我们的行为及其对他人影响的分析，我们可以从经验中获得知识。

我想以上这些内容都是可以给教师们做教学反思时使用的。

14. 课堂控制

教师在教学过程中经常会遇到课堂纪律问题，所以校本研修要设立关于课堂控制的主题。

教学控制是对整个教学及教学过程进行的调节和管理。教学控制是一个系统，教学时间、教学环境、教学纪律等的控制尤为重要。下面我分别和大家解释一下。

1. **教学时间的控制。** 上课开始时，不要急于讲内容，要稍微停顿一下，以消除学生的紧张情绪，排除课间带来的干扰，讲课结束时，要力戒拖堂；要适时而教，就是在适当的时间去做适当的事，强调教师在教学中把握好每个环节，精心设计好每项内容，同时又要对课堂上可能出现的问题及处理办法有一定预测和心理准备；要快慢得宜，教学节奏快慢交替、时间张弛有度，充分调动学生的注意力与积极性，而不是平铺直叙；要因人而异，学生的学习能力不同，要达到同样的学习效果所需要的时间也不同，学生的年龄不同，学习的有效持续时间也不同，学习时间的安排要符合学生的年龄特征和心理特点。

2. **教学环境的控制。** 环境控制的目的在于维持学生的学习欲望，保持学习兴趣。针对学生注意力的特点，教师要不断变换刺激的角度，或经常给学生以新的刺激。有两种方法经常被使用，一是悬念，二是讨论。

悬念就是制造出一个使学生感到十分神秘的氛围，来激发学生的兴趣，集中学生的注意力。悬念在教学时有巨大的吸引力，其潜在功能值得我们在校本研修中细心地挖掘和利用。

讨论可以促使学生思考，集中学生注意力，还可以发展学生思维的批判性，以及说理表达能力。

3. 教学纪律的控制。教师既要注意有形的问题，如有的学生上课捣乱、做小动作等；也要注意无形的问题，如有的学生上课开小差、胡思乱想等。教师要使学生明白教师的期望和非期望行为，并知道自己行为的后果；要在教学中运用非言语线索，如眼神、动作、面部表情等；要对一些学生实施行为矫正，以消除课堂破坏行为。

4. 知识的控制。为了调动学生学习的积极性，使之成为学习的主体，知识的控制是很重要的。这包含三项内容：知识数量的控制、知识难度的控制和知识传输速度的控制。

从迁移的心理活动看，要将注意力集中在主要矛盾上，有助于形成知识迁移。有的教师每节课只讲 20 分钟左右，但其效果很好，原因就在善于控制知识量，突出主要问题，使学生很快形成知识迁移。现代心理学研究证明，知识的难度略高于学生的认识水平，知识教学才具有力量；知识传输速度的控制最理想的情况是教师传输知识的速度与学生接受知识的速度同步。

5. 情感的调控。它包括教师的情感控制和学生的情感控制两个方面。教师不应把自己任何不良的情感、情绪和心境带进课堂，以免影响、干扰正常的课堂教学气氛。教师要善于调节自己的情感因素，做好自身的情感控制，只有有效地控制了自己，才能有效控制课堂。不仅如此，教师还要密切注意学生的情感，课堂上学生的不良情感往往通过眼神、动作等反映出来，教师应善于观察，及时调控。

问 平时，教师会把相当多的精力花费在个别捣蛋的学生身上，您说应该怎么办？

答 我认为没有固定办法，所以要在校本研修中去研究。比如说我们针对学生行为问题可以先作行为观察，详细地记录某个需要行为矫正的学生在课堂中表现出来的破坏性行为和教师对这种行为的具体反应，如下表所示：

学生行为问题	教师的反应
吵闹着走进课堂	"要静静地走进课堂,这话我已给你讲过几遍了!"
大声叫喊同学	"出去!再静静地进来。"
傻笑着进来	"脸皮真厚!"
坐下来,但书不拿出来	"我知道要你对上课内容感兴趣真是非分之想!"
转身与邻座同学大声交谈	"来,坐在第一排这个位置。"
坐在前排转身向同学们做个鬼脸	按住他的头,使之转向黑板。

然后在研修活动中由教师本人作出反思,大家再提出一些建设性的建议,这样更能有效地帮助教师提高。

问 课堂控制对青年教师来说问题更大,我们要如何帮助他们呢?

答 我想应该告诉他们课堂教学的失控种类及调控方法。课堂失控一般有五种:

一是量的失控,青年教师尤其容易发生量的失控问题。所谓量的失控就是教学内容的数量安排的密度过大或过小,习题的数量超越本课目的要求,或过难或过易,使学生无法解答或乏味,这些因素的存在都会影响正常教学。所以要和青年教师一起备课,通过良好的教学设计来解决这个问题。

二是度的失控,是指教师在课堂教学要求的程度(即教师速度和训练强度)方面引起的教学不足。有时因教师教学速度太快或太慢,训练的强度太大或太小,使学生无法承受或太轻松,导致学生掌握新知识不扎实,囫囵吞枣,巩固练习处处卡壳。我们要指导青年教师在教学中,导入新课要快,讲授新课稍慢,在巩固练习的训练阶段,其训练的强度既能达到符合学生认知规律所能承受的程度,又不过分超重。

三是法的失控,是指教师在课堂教学中因为教育、教学方法方面的因素延误教学正常进行。教学中有时因个别学生违纪,教师教育方法不当,使学生产生消极对抗的情绪,师生矛盾激化阻碍教学。因此我们要提醒青年教师,在教学中一旦遇到违纪现象,要及时简短地正面教育或者冷处理,要课后解决,避免因教育学生时间过长或师生矛盾激化影响教学。

四是情的失控，是指教师在调控课堂教学情境方面的因素而出现的教学失态。教学中教师因教法单调、枯燥、缺乏教学艺术和技巧而使学生情绪低沉；有时因教师课前心情不佳影响教学气氛，使学生情绪受到极大压抑。

五是知的失控，是指教师在传授知识失误方面的因素而引起的教学脱轨。教者在教学中对教学信息加工、处理的失误和教学演示及操作的失误将会导致课堂教学的严重失控，这类失控对教学的危害极大，后果严重。究其原因，主要是教师对教学教材理解不透，课前准备不充分，导致临场应变能力较差的结果，所以要有针对性地指导青年教师。

问 在课堂上多表扬学生，能否提高课堂控制水平？

答 观察发现，教师课堂控制行为方式主要包括体罚、贴标签、扣分、命令和表扬等方式。

我们一般不会对学生实施体罚，因为体罚并不能阻遏品性不端，只会使犯规者在犯过错时更加谨慎，更精于掩饰痕迹，更巧于逃避侦察。相对而言，罚站是教师普遍采用的一种比较"经济"的体罚方式，但实际上效果也并不好。

在课堂教学中，对学生公开贴标签的后果比体罚更为严重。学生深切地憎恶这种方式，且目睹贴标签的人越多，这些人当中的一部分就越可能运用这个标签并相应地对待这个学生。有些教师会采取扣分的形式进行课堂控制。如果学生取得了较低的成绩，无疑将给家长带来心理上的压力，学生因而也受到家长的谴责和惩罚。从这个意义上来看，教师采取扣分的方法以纠正学生的不良行为确实能起到一定的作用。

命令作为教师课堂控制的一种方式，学生能够区分哪些命令是有效的，哪些命令是无效的，并以此来调整自己的行为。比如在数学课上，学生在下面乱哄哄地讲话，教师不停地讲："静一下！静一下！"学生的声音依然如故，对教师的劝告不予理睬。这时教师改一个策略，说："我现在数10个数，看谁还出声音！"教师数到"2"时，基本上就没声音了，数到"10"时，教室里早已安静了。教师并没有一开始就使用高强度的命令形式，但是却比强制性的命令更有效。

总之，惩罚只会减少学生不良行为发生的概率，但并不能增加积极行为的发生概率。由于表扬对于其他学生具有替代强化的作用，因此，在一般情况下，还是建议大家多采用表扬的方式实现课堂控制。

问 我们教研组在做课堂提问方面的研修，您在这方面有什么建议吗？

答 我从课堂控制的角度来谈这个问题。比如说，是先提问还是先叫学生名字？现实中一些教师或是先叫学生后发问，或是发问后紧接着叫学生回答，这样不仅没有思考的时间，而且也没有面向全体学生，影响学生的积极性，妨碍学生思维发展。如果先叫学生后发问，那么大多数学生的自我义务感就被压抑了，不仅被叫的学生缺乏思考时间，而且影响了大多数学生的思维积极性，思维亦难以达到较高的水平。因此，在课堂提问中，应该先提问，根据提出问题的难度留出适当的时间让学生思考，然后叫学生回答。

我举的这个例子实际上是教学的时间控制问题，关于提问的最佳时机问题。由这个问题还可以发现很多很值得研究的问题，比如说，提出问题后要停顿多久？停顿时间与问题难度的关系是怎样的？如何在新旧知识的结合处提问？如何在学生的思维受阻处提问？这些问题都是校本研修中的好素材。

15.

师德素养

下面来谈谈如何借助校本研修提高教师的专业素养和师德水平。

首先从各位谈起,作为团队首席,你的个人道德很重要,因为一旦团队成员认识到你存在着严重的道德缺陷,那么你一定会受到来自他们的"惩罚"。你的行为为整个团队设置了道德标准,并且你所营造的道德氛围,会使大家坚信,只要努力工作就会得到公正的评价。

道德问题比我们想象的要复杂得多,除了个人品性,还有许多因素都在影响着一个人的道德选择,所以并不是只有坏人才会做出不道德的行为。首先是社会风气,即使是有道德的人,也往往会被社会风气所腐蚀,因为在一个丑恶占上风的社会中,一个有道德的人反而会付出代价。其次是学校文化。不良的学校文化可能恰恰在鼓励那些不道德的行为,而这种鼓励常常是无意的;那些实用主义和功利主义的文化总是会滋生不道德,尤其是将升学率上的成功看成是学校成功的唯一标准的时候,道德标准就会被忽视。再次,糟糕的管理也会导致不道德,越多的压力和越少的指导,会导致不道德;学校的评价系统只关注结果而忽略了达到结果所采取的手段方式,那么人们就会为了达到目的而采取不良手段。所以,在现在这个时代要坚守自己的道德确实不容易。

好了,下面谈谈师德问题。为什么要强调师德,这个问题我不想多说了,来看一项研究的结论:教师的知识和智力与教学效果相关微弱。教学工作确实需要以一定水平的知识智力为前提,但一旦达到或超出这一水平,它们对教学效果就不再发生明显影响,而教学品德则成为影响教学效果的主要因素。

那么,关于什么是师德,我有这样几个观点供大家参考:

1. 宗教情怀。宗教意味着虔诚和崇拜的行为，对祷告的依赖，共享圣礼，参与某些仪式，献祭和斋戒的履行。但丁说：人有两种至福，或者两种幸福，一种是地上的完美，一种是天上的完美。

什么是宗教情怀？《当代儒学》一书中的《儒家的宗教情怀与社会责任意识》一文这样写道："由于各种宗教传统对其核心的崇拜对象，无论是人格神还是超越性观念，都赋予了绝对的物质权威和精神权威，使得人们对其理智上的证明既不可能也无必要，所以信仰者对其核心的真理性应抱有一种情感执著。人的宗教情怀因其神秘性不为理智所全解，但在造就人的神圣的使命感方面又是不可替代的。因为宗教情怀给信仰者一种精神冲动，促使他在实际生活中践履其所信奉的超越性观念。"

再造中国人的宗教情怀，实质就是再度回归天命和天理，因而，所谓师德就是"替天行道"！

2. 关爱他人。什么是关爱？关爱是"一种投注或全身心投入的状态"，即在精神上有某种责任感，对某事或某人抱有担心和牵挂。要鼓励教师开放性地、非选择性地、不怀功利目的地接纳学生，设身处地为学生的发展需要提供服务。

加拿大教育家大卫·杰弗里·史密斯说："爱世界、爱他人、爱自己的学生，意味着与他们保持这样一种交往关系：不是事先决定好怎样让他们成为我希望的样子，而是以这种方式接受，接受我们对于彼此的局限性，而不只是想象中的可能性。唯其如此，我们才能达到共享的真理。教育关怀应在以下动态系统中表达出来：既拥抱世界，又放任世界，在这种拥抱世界和放任世界的状态中重新发现自我。这样，师生之间相互引导，臻入成熟，相互贡献各自的才干，而绝对不能预先设定一个'永久'的结构。"

3. 平等对话。什么是对话？一是消解话语霸权，要学会倾听那些与自己不同的声音；二是坚持基本的话语规则，心平气和和符合逻辑；三是宽容和欣赏的态度，加拿大教育家史密斯说："每个地方，似乎都需要'理解'的语言来将差异当作一份邀请，请大家思考一下各自的理解的局限，而不是将'差异'当作问题来解决。"

4. 学会交往。教师也要学会与人交往，交往是有技能的，而技能又是需要训练的，比如言语的和非言语的技能，都需要专门来学习。

5. 专业伦理。要经常提示大家几个不应该：在开公开课之前经过排练；申报职称时故意作出虚假的陈述，或者提供假材料；对不符合专业要求的教师升职提供关键性的帮助；公开同事私人信息（除非出于专业需要）；故意对同事发表错误或恶意的言论，尤其是未加证明的；论文造假，或者引用他人观点未加标注。

6. 课堂行为。要对课堂教学行为作出道德评判，判断教学行为的善或恶、利或害、正义或非正义、合理或不合理……尤其是对教学活动中的方法和手段进行道德判断。以下教学行为应被评定为不道德：限制学生的独立学习和探索；阻止学生获得和发表不同的观点；蓄意歪曲学科知识，误导学生；故意羞辱和贬低学生；阻止学生进教室上课；剥夺任何学生的任何权益；没有为学生的学习提供方便条件；泄露学生私人信息（除非有特殊需要）。

关于师德素养问题先谈到这里，下面大家讨论。

· · ·

问　师德素养水平总体来说令人担忧，您认为应该怎么办？

答　因为我们在学习校本研修方面的知识，所以我的建议是在校本研修中提升道德素养。关键是让大家反思，经常在校本研修中反思：我的教学目的是为学生发展着想吗？我的教学目的与方法手段一致吗？我教学的态度积极吗？我有没有体现专业精神？

问　爱是师德的基础，教师心中没有爱是一件很可怕的事。

答　是的，爱实际上是一种能力，失去了爱的能力，师德就无从谈起了。有一个"爱的铁三角"理论，凡是有爱，就有三个特征：一是亲密关系，二是激情，三是承诺。那么，我们对学生还有爱吗？可以对照这三条进行反思。

问 学校领导要求我们在校本培训中给老师们讲讲师德,我只是一个组长,我本人也没有高尚到能解决同事们的师德问题,您说我应该讲些什么呢?

答 在团队内讲师德问题千万不能居高临下地讲,在道德领域内我是主张反思和对话的。我建议你可以从情绪、情感与身体的关系开始说起,讲讲喜怒哀乐是如何影响身体健康的,这样的话你就站在大家的立场上来谈师德问题了,就比较容易被接受。

比如说,我在"心理杂志"网站上读到,假如你情绪低落,抑郁、悲观和消极对身体会产生多种伤害。血清素和多巴胺是大脑里两种跟快乐有关的神经递质,心情好时,它们的含量就高一些。除此之外,血清素的另一个重要功能就是帮助降低痛感,这应该能够解释为什么有45%的抑郁症患者同时会伴有各种生理上的疼痛。总之,要从关心教师身心健康的角度谈。

16. 有效研修

让校本研修更有效，这是今天我们要讨论的话题。

我想谈的第一个问题是有效研修的特征。

研修活动不是会议，也不是简单的培训，因为会议和培训往往都是强制的，参与者缺乏主动性。当事人因为不必承担任何责任，而总是态度上不够积极；会议和培训是按照预先安排好的既定内容开展活动，结论是预设的，于是，认同变成了说服，学习变成了灌输；会议和培训中，主持人与演讲者成为会场的主角，参与者不得不充当配角，而在真正的研修活动中，参与者应该成为主角。

因此，有效的研修有五个特征：参与、体验、协作、创造、学习。在有效的研修活动中，创新是灵魂，成员的自主性是决定性因素，发挥协同效应是精妙所在。

我要谈的第二个问题是有效研修的三个要素：团队、程序、主持人。

团队。我之前专题与大家聊过团队建设问题，这里不多说了。反正如果一群人坐在一起，而他们不是一个团队，那么就不会有真正的校本研修。

程序。这要求要设计一个脚本，做好研修活动的流程设计，这个问题一会儿我详细来讲。

主持人。虽然研修活动有程序，可是还需要有人灵活掌握。主持人的作用很大，比如说要给团队和程序加"佐料"，在讨论过程中要干预和鼓励，要化解团队内部和程序中无法应对的事态，要处理妨碍团队活动的违规行为，修正论点分歧，维护少数意见，促进参加者直面彼此对立的观点等。

第三个问题也是我要和大家分享的最重要的一个，关于校本研修的流程设计问题。我将一次校本研修活动分为四个步骤：暖场、引出想法、活动、总结。下面我依次介绍一下：

1. 暖场。暖场就是破冰，是一种释放身心压力的活动。暖场很重要，能使参加者情绪高涨，为校本研修奠定良好的氛围。那该如何暖场呢，这里介绍两个小方法：

（1）寻找共同点。在主持人宣布开始后，两人一组，在做自我介绍的同时寻找彼此的共同点。发现共同点之后记下来，与他分开后再去寻找和其他人之间的共同点。不要寻找和上一个人重复的共同点，应该去发现新的共同点。这种方法可以让更多的人相互熟识。

（2）二选一智力竞赛。主持人提出与研修主题相关的问题，要求参加者举手回答，判断其正确还是错误。如："学生最喜爱有幽默感的教师"，"智力是学生学业成绩的决定性因素"。问题要由简入难，由一般性话题渐渐转向研修主题，对参加者潜移默化地进行诱导。如果想煽动竞争心理，可以用纸制作正确和错误的卡片，让参加者举牌回答；还可以在室内的正中画一条线，让他们在正确或错误的区域内做选择移动也是比较有意思的。

2. 引出想法。研修活动中往往大家不说心里话，或者索性不说话，于是能否巧妙地引导出这些资源，决定着整个研讨会的质量。下面介绍一些小方法：

（1）全体集合。首先，主持人向其中一位参加者提出几个问题，待其回答完毕后，让赞同他的人站在他身边，表示共鸣的心情。接着采取同样的方法向其他参加者提问，聚集能够产生共鸣的人。通过这样反复地提出问题就能把全体人员分成几个小组。如果出现让自己共鸣更强烈的答案，可以中途移动，所以，如果有符合大家心声的答案出现，大迁移就开始了。最后，如果有未加入任何一组的人，主持人不要忘了逐一询问这些人的想法。

（2）联想链。请参加者回答由研修主题所联想到的内容。如，"看到今天的主题后，你想到什么？"最好是让参与者突发奇想，不要深思熟虑，因此速度是关键。想不出答案的人，就马上跳过。记录参加者回答的内容，这样容易掌握整体的意见，在后面的讨论中总能派上用场。

你可以提出如下问题："这个主题让你想到什么？""如果你是某某，你会怎么做？""如果只能举一例，你会列举什么样的事物？""你会把某某比喻成什么？""如果要说和某某一样的经历你会列举什么？""对你而言，最好的某某是什么？最坏的是什么？"

（3）回答质疑。首先让参加者思考与主题相关的问题。比如一个以"沟通交流"为主题的研修活动，可以让参加者思考"现在你觉得烦恼的事是什么？""对你而言什么样的人难以对付？""你的个人嗜好是什么？"等问题，让参加者将问题写在便签纸上，然后上交，放入箱子里。接下来，按照依次抽签的方式，从箱子里取出便签纸，回答上面写的问题，这样就轻松地获取了与主题有关的资源。也可以不用箱子，而将问题写在白纸上，贴在墙上，可以以抽签或指定方式让参加者回答。

3. 组织活动。这个环节是真正的研修活动环节，活动的方法比较多，我只是罗列若干个小的方法供大家参考：

（1）头脑风暴。全体成员尽可能地提出意见，以扩展思想范围。头脑风暴要遵守以下四项原则：第一，自由奔放。可以涉及任何领域，什么想法都行。第二，严禁批评。严禁批评和评价他人的想法。第三，欢迎搭便车。补充想法，扩展思维。第四，追求数量。为了产生高质量的想法，首先应该增加数量。

还可以使用书面头脑风暴的方法，让成员围着桌子坐下，各自拿着表格。先在表格上写出构思的主题，在下面写出由主题联想到的三个主意，接下来将表格递给旁边的人，旁边的人以前一个人写出的主意为起始，再补充三个主意。这时不必刻意与之前的主意相关联，鼓励写出新的主意。然后间隔三到五分钟后再继续传递。

（2）希望点（改善点）列举。针对给出的主题，列举诸如"我想这样""要是这样就好了"等希望或理想。它能使参加者不受现状和常识的束缚，从而自由发挥想象。列举诸如"这个很难"、"这个很烦"等不满或问题的方法，则是改善点列举法。不管哪种情况，与头脑风暴法配套使用会更有效。

（3）意见检核表。告知参加者讨论的主题。在纸上写出各种观点贴在墙上。参加者一边看，一边在便签纸上写出自己想到的意见，并贴到对应的观点处。

（4）思维导图。让参加者自由构思，在构思时，不要逐条记录想法，而应该把想法描绘成放射状，这样更容易扩展思维。准备白板和宣传纸，在中间写出主题，并用圆圈圈住，然后让参加者各自列举由主题联想到的关键词或意见，在每一个切入点以树状形式记录。在每个枝丫上只写一个关键词，在区别树干和树枝的同时分别做好记录。在人多的场合要灵活运用便签，有时全员共画一张图也十分有趣。

4. 总结讨论内容。研修活动接近尾声时，要对活动进行总结，可以使用这一些小方法：

（1）时间机器法。让大家依次回答以下问题：想象一下十年以后的自己；一年后达到什么目标就能心满意足；为了实现这个目标，三个月后自己必须达到怎样的状态。

（2）编故事。采用编故事的方式，这种方式容易给人留下印象，同时也能够传达隐性知识。比如，针对合作能力展开讨论时，可以采用叙事方式来总结合作能力强的教师应该具备的行动姿态。可以采用讲故事的形式把自己与学生或同事交往的经验总结出来。

（3）制作宣传物。如果仅仅通过语言进行抽象讨论很难达成概念性的共识，还可以通过制作宣传手册、海报、传单等宣传物品让参加者产生共鸣。如，30秒广告，我们今天如何当老师？

（4）制作报刊。报纸、电视新闻、杂志等大众媒体信息，非常适用于共享对于未来的展望。先独立思考报纸的头版需要一些什么样的报道内容，然后以此为基础实际制作报纸版面。标题一定要精雕细琢，并且要制作刊登专栏、登载广告的真实版面。

（5）制作练习题。如"请列举三项成功召开研讨会的秘诀"、"什么样的教学行为属于有效的"等问题。可以通过小组竞赛的方式来比拼练习题答案的正确率。

· · ·

问 我觉得您推荐的方法不仅有效，而且有趣。

答 有趣也是为有效服务的，校本研修充满了生命活力，怎么会无效呢？不知不觉，我的课也快结束了，这是一门实践性很强的课，希望你们将积极的力量带回你的团队，带领大家一起成长，而你也能成为真正的首席——专业成长中的、团队建设中的和校本研修中的。

好了，我的课程内容到这里就要结束了。最后，在这里我要感谢所有听讲的学员，有你们的参与才有这些文字；感谢湖北省武汉市武昌区教育局、湖北省武汉市武汉经济技术开发区教育局、四川省雅安市教育局、山东省济南市槐荫区教育局、山东省济南市市中区教育局、新疆维吾尔自治区克拉玛依市克拉玛依区教育局、云南省个旧市教育局……有你们的支持我才会有机会给学员们讲这个专题；还要特别感谢华中科技大学附属小学，《首席教师》中有一半的内容是在你们的支持下思考完成的，你们给了我很大的鞭策；感谢华东师范大学出版社的李永梅女士鼓励我将讲述变成文字；感谢湖州市吴兴实验中学的金凯民校长给我安排了研究和写作的场地；感谢上外静安外国语小学周云燕校长和武汉市大兴路小学吴莹副校长，你们先读到我的文章并与我做过书面互动；感谢我的助手陈白羽女士对这本书的贡献，她是听我讲课最多的一个，因此她的建议弥足珍贵。

图书在版编目（CIP）数据

首席教师/郑杰著. —上海：华东师范大学出版社，2015.5
ISBN 978-7-5675-3667-8

Ⅰ.①首… Ⅱ.①郑… Ⅲ.①师资培养 Ⅳ.①G451.2

中国版本图书馆 CIP 数据核字（2015）第 123274 号

大夏书系·通识教育

首席教师

著　者	郑　杰
策划编辑	李永梅
审读编辑	朱　颖
装帧设计	奇文云海·设计顾问
出版发行	华东师范大学出版社
社　　址	上海市中山北路3663号　邮编200062
网　　址	www.ecnupress.com.cn
电　　话	021-60821666　行政传真 021-62572105
客服电话	021-62865537
邮购电话	021-62869887　地址 上海市中山北路3663号华东师范大学校内先锋路口
网　　店	http：//hdsdcbs.tmall.com
印刷者	北京季蜂印刷有限公司
开　本	700×1000　16开
插　页	1
印　张	16
字　数	230千字
版　次	2015年8月第一版
印　次	2021年8月第七次
印　数	28 101-30 100
书　号	ISBN 978-7-5675-3667-8/G·8371
定　价	39.80元
出版人	王　焰

（如发现本版图书有印订质量问题，请寄回本社市场部调换或电话021-62865537联系）